COMMENTAIRE

DE

LA LOI SUR LES CHEMINS VICINAUX.

Imprimerie de Hennuyer et Cᵉ, rue Lemercier, 24. Batignolles.

DES
CHEMINS VICINAUX

DES CHEMINS RURAUX

COMMENTAIRE DE LA LOI DU 21 MAI 1836,

PAR

M. V. H. SOLON,

AVOCAT, ANCIEN CONSEILLER DE PRÉFECTURE, MEMBRE
DE LA LÉGION-D'HONNEUR.

PARIS

DURAND, LIBRAIRE, RUE DES GRÈS;

COSSE, LIBRAIRE, PLACE DAUPHINE.

1850

A MESSIEURS

LES MEMBRES DES CONSEILS MUNICIPAUX

DE FRANCE.

Messieurs,

Convaincu des avantages innombrables de la loi du 21 mai 1836 sur les chemins vicinaux, j'ai cru utile au pays, et plus particulièrement aux communes, de placer sous votre patronage intelligent et expérimenté cette loi et ses bienfaits. Dans ce but, je vous ai dédié mon livre.

Et qui de vous pourrait refuser son concours au développement de cette loi, admirable consécration de l'alliance tant préconisée du capital et du travail? Qui de vous pourrait méconnaître tout ce que l'on doit à ses dispositions?

Cette loi n'a-t-elle pas ouvert à l'agriculture, à l'industrie, au commerce, des voies de communication sur tous les points du territoire, et ne devons-nous pas à ses dispositions une augmentation progressive dans le prix des propriétés immobilières, et la propagation, incessante et utile à tous, des produits du sol? N'est-ce pas à elle que nous devons la facilité de dégager les fermes, de les remplir, et de porter, dans les milieux les plus ingrats, les engrais, les sels, si nécessaires à la culture des terres?

Ce n'est pas tout : le pauvre travailleur a eu pendant plusieurs mois à s'occuper, dans l'intérêt des communes et à leurs dépens; il a trouvé un léger, mais suffisant salaire à faire un travail dont il devait être le premier à profiter. Un chemin a été ouvert près de sa modeste demeure, et il a pu se rendre en tout temps dans les lieux où le travail l'appelait; sa femme, ses enfants ont pu conduire leurs bestiaux et porter les fruits au marché voisin; et les uns et les autres ont pu occuper utilement toutes leurs journées là où un hiver rigoureux, des pluies abondantes les condamnaient autrefois, pendant des mois entiers, à l'impuissance, à la misère, et souvent au désespoir.

Et comment a-t-on pourvu à ces travaux si féconds, à ces bienfaits de tous les jours? C'est réellement un mystère pour tous ceux qui n'ont pas étudié la loi de 1836. Il est impossible de se figurer comment, par des charges minimes, insensibles, on a pu obtenir d'aussi grands résultats; il faut comprendre la mutualité portant sur tout et sur tous, pour pouvoir s'expliquer les bienfaits de cette loi; il faut se rendre raison de ce que peut l'argent réuni aux prestations en nature, de ce que peuvent enfin de légers sacrifices imposés au plus grand nombre, pour pouvoir élever sa pensée au niveau de la législation.

C'est à vous surtout, Messieurs, qu'il appartient d'énumérer ces insensibles sacrifices et leurs inappréciables résultats; c'est à vous qu'appartient le droit de défendre la loi de 1836 contre une critique inintelligente et passionnée; c'est à vous de la défendre du reproche qu'on lui fait de porter atteinte à la dignité de l'homme, par cela seul qu'elle soumet à des *prestations en nature*. Déplorable abus des choses et des mots! Et en quoi des prestations de ce genre blessent-elles notre dignité? Eh quoi! l'avocat, le médecin, le prêtre, l'industriel ne travaillent-ils pas et d'esprit et de corps? Ne sont-ils pas exploités aussi par ceux qui achètent leurs travaux, qui payent leur concours? Est-ce que la société n'est pas l'organisation et la sanction de tous ces travaux, de tous ces rapports, que quelques utopistes appellent exploitation de l'homme par l'homme, et qui ne sont autre chose que le lien qui nous unit tous, et qui, chacun dans des conditions différentes, dans la mesure de notre intelligence, de notre activité, nous entraîne vers le progrès, vers l'amélioration de notre état social?

Que la loi soit donc appliquée avec sagesse et avec les plus grands ménagements pour le pauvre : qu'il ne soit pas soumis aux prestations en nature.—Mais gardons-nous de laisser s'affaiblir une loi dont l'abandon serait une cause de ruine pour les communes et pour les individus.

C'est à votre sagesse, Messieurs, à apprécier la loi et le Commentaire que je vous dédie; puissiez-vous y trouver une nouvelle conviction de leurs avantages et une source nouvelle de perfection pour nos chemins vicinaux.

J'ai l'honneur de vous saluer, Messieurs, avec une parfaite considération,

SOLON.

INTRODUCTION.

Les chemins vicinaux se lient d'une manière si essentielle aux rapports des communes entre elles, qu'il serait impossible aujourd'hui, non pas seulement de les supprimer, mais même d'en négliger l'entretien. — L'étude des lois sur les chemins de cette nature est donc recommandée aux maires des communes, aux conseillers d'arrondissement, aux conseillers municipaux, — et celui-là serait peu digne de faire partie de ces Conseils, ou de devenir fonctionnaire, qui ne connaîtrait pas les caractères principaux des chemins vicinaux.

Mais si tous les hommes ne savent pas lire dans le texte de la loi, si tous les fonctionnaires n'ont pas une égale perspicacité pour pénétrer dans le secret d'une disposition, pour en interpréter la partie douteuse, pour en faire l'application, tous les fonctionnaires non plus, ceux des communes rurales notamment, n'ont ni le temps ni l'aptitude pour étudier ces commentaires complets dans lesquels le texte se perd quelquefois dans une multitude de citations, d'arrêts, et d'opinions au milieu desquels se débattent les questions les plus contradictoires.

Telle est la conviction qui nous a porté à livrer aux communes ce Commentaire de la loi du 12 mai 1836. — Peu ambitieux du titre fastueux de savant, et avant tout désireux d'être utile, nous avons envisagé les chemins vicinaux tels qu'ils existent, et tels que la loi de 1836 a voulu régir leur établissement, leur entretien, leur suppression. — Nous n'avons pas même arrêté notre attention à ces dissertations philosophiques sur la liberté de l'homme, sur son incompatibilité prétendue avec les prestations personnelles. Si péniblement affecté de ces pauvretés politiques qui, sous le prétexte de ménager la dignité de l'homme, le condamneraient à vivre sans rien faire sur la place publique, ou aux abords de cette Assemblée où sa souveraineté éclate en propos et en cris si discordants, nous avons accepté et commenté la loi telle qu'elle est, et notre unique soin a été d'en rendre l'intelligence facile et l'application équitable.

Mais, pour parvenir à notre but, avions-nous besoin de nous livrer à de grandes recherches, de couvrir de citations les pages de notre commentaire ? — Non. Rechercher les motifs de la loi, poser les règles d'interprétation desquelles on peut déduire comme conséquence la solution des questions qui peuvent se présenter dans la pratique, telle a été la méthode que nous avons suivie. — Heureux d'avoir ainsi dit beaucoup en peu de mots, et d'avoir offert aux communes un ensemble de règles qui, pour être renfermées dans des limites très-étroites, ne suffiront pas moins pour en faciliter l'application à tous les sujets de cette matière importante.

Comme pour les autres lois que nous avons préparées dans l'intérêt des communes, nous avons commenté la loi dans l'ordre suivi par le législateur lui-même : et, par une table alphabétique, nous avons donné à notre petit travail l'utilité d'un ouvrage *ex professo*.— Tout notre désir s'est borné à enseigner, sans prétention, tout ce qu'il importe de connaître en administration sur les chemins vicinaux. Aurons-nous réussi ? C'est au lecteur à répondre quand il nous aura lu.

COMMENTAIRE

DE

LA LOI SUR LES CHEMINS VICINAUX.

PROLÉGOMÈNES.

PREMIÈRE RÈGLE. — La loi, quand elle parle des chemins vicinaux, parle de tous les chemins qui ont été reconnus. — C'est la reconnaissance seule qui leur donne ce caractère. — Les chemins non reconnus, c'est-à-dire non classés dans la forme légale, ne sont considérés que comme propriétés privées, soit qu'ils appartiennent à la commune, soit qu'ils appartiennent aux particuliers. — Ainsi, après les routes nationales et départementales, il n'y a plus qu'une troisième classe, les chemins vicinaux. (*Circulaire minist. du 24 juin* 1836.)

Cette règle est de la plus haute importance, non pas seulement pour fixer la signification des expressions de la loi relative aux chemins, mais encore pour faire l'application de la loi du 12 mai 1836, et des autres lois relatives aux chemins des communes. — Ces lois, en effet, ne s'appliquent qu'aux chemins classés. (*Voy. la 4ᵉ règle ci-après.*)

DEUXIÈME RÈGLE. — Les préfets seuls ont qualité pour faire la reconnaissance légale et le classement des chemins vicinaux. — La loi du 12 mai 1836 ne le dit pas ; mais comme, par son article 22, elle maintient les dispositions qui ne sont pas en opposition avec elle, il est convenu qu'on doit se référer à la législation antérieure, c'est-à-dire à la loi du 28 juillet 1824, art. 1ᵉʳ. — Aux termes de cet article, le classement se fait par un arrêté du préfet, pris après délibération du

Conseil municipal, en déclarant que tel chemin fait partie des chemins vicinaux de la commune.

Il faut toutefois reconnaître qu'il peut y avoir des chemins vicinaux reconnus dans une forme autre que celle dont il est parlé dans l'art. 1er de la loi de 1824. — Comment? nous n'en savons rien ; mais ce qui est certain, c'est que le projet de loi de 1836 parlait des chemins vicinaux reconnus *conformément à l'art. 6 de la loi du 9 ventôse an XIII, et à l'art. 1er de la loi du 28 juillet* 1824, et que ces mots furent supprimés, afin d'établir que, quelle que fût la loi en vertu de laquelle le chemin eût été reconnu, la loi de 1836 n'en serait pas moins applicable. (*Circulaire minist. du* 24 *juin* 1836.)

TROISIÈME RÈGLE.—Il est d'autant plus important de ne pas confondre les chemins vicinaux, c'est-à-dire les chemins légalement classés, avec les chemins non classés, que les communes ne sont principalement obligées, ainsi que nous le verrons dans le cours de notre commentaire, qu'à entretenir les premiers. — L'administration pousse à tel point le rigorisme, que le ministre de l'intérieur disait : « Appliquer les ressources des communes à la réparation de chemins non classés dans la forme voulue, serait s'exposer au reproche de faire une application irrégulière des revenus communaux, et peut-être même à une accusation de détournement des fonds de la commune. — Requérir les citoyens de porter leurs prestations sur des chemins non classés, serait s'exposer à un refus de service qui trouverait sa justification dans le texte formel de la loi. » (*V. la circulaire du* 24 *juin* 1836, *et les notes de l'art.* 1er *de la loi.*)

QUATRIÈME RÈGLE. — La reconnaissance légale des chemins vicinaux donne seule attribution aux Conseils de préfecture pour la répression des usurpations. (*Même circulaire du* 24 *juin* 1836.) — S'il s'agit de chemins non classés, les contrevenants ne sont justiciables que des tribunaux de simple police. (*Art. 479, n°* 11; *arrêt de cassation du* 2 *avril* 1841, *et la note.*) Mais remarquez qu'en matière de chemins vicinaux la loi ne renvoie aux Conseils de préfecture que la connaissance des usurpations. (*Loi du* 9 *ventôse an XIII.*) Si l'on reprochait toute autre contravention , le prévenu devrait être appelé devant le tribunal de simple police. (*V*. *la circulaire ministérielle du* 16 *juillet* 1845.)

La distinction entre les chemins classés et ceux qui ne le sont pas n'est pas seulement exigée à raison de la compétence des juges qui doivent connaître des faits d'usurpation. Elle conduit à d'autres appréciations importantes ; il est certain, en effet, 1º que les agents voyers sont sans droit pour constater les anticipations, usurpations, et autres contraventions relatives aux chemins non classés ; 2º qu'il faut que les contraventions de ce genre soient constatées par les fonctionnaires ou agents investis, par la loi, du droit de verbaliser sur les délits ruraux ; 3º que si le prévenu d'anticipation oppose la question de propriété du chemin, le tribunal de police doit surseoir à toute condamnation, jusqu'au jugement de la question préjudicielle (*Cass.*, 8 *mars* 1844) ; tandis qu'en matière de chemins classés, l'exception de propriété n'est pas un obstacle à la condamnation, ainsi que nous l'établirons à l'art. 15 de la loi ; 4º que l'usurpation d'un chemin classé est imprescriptible comme usurpation, tandis que l'anticipation sur un chemin non classé est susceptible de possession ; 5º que les chemins vicinaux sont soumis *principalement* au pouvoir réglementaire des préfets (*arg. de l'art.* 21 *de la loi*), tandis que c'est le maire qui, aux termes de la loi des 16-24 août 1790, peut et doit prendre les mesures nécessaires à la sûreté et à la commodité du passage sur les chemins non classés.

CINQUIÈME RÈGLE. — La reconnaissance des chemins vicinaux a une grande importance à raison de la demande d'alignement. — Il n'appartient qu'aux préfets de tracer les alignements pour les constructions à élever, ou les plantations à faire le long des chemins vicinaux. — Cette règle est tellement absolue, qu'un arrêté du maire, donnant un alignement à celui qui le lui demande, dans une circonstance pareille, n'excuserait pas le propriétaire qui aurait empiété sur la voie publique. (*V. l'arrêt du Conseil du* 28 *décembre dernier*, *rapporté dans la* Gazette administrative, 2 *janvier* 1850.)

Remarquons cependant que si l'autorisation de bâtir sur l'alignement d'un chemin vicinal classé se demande au préfet et doit être accordée par lui, comme à l'égard des routes (*voy. la règle précédente*), il ne faut pas en tirer la conséquence que, si un propriétaire bâtissait sans autorisation le *long* ou *joignant* un chemin vicinal classé, il pût être poursuivi devant le Conseil de préfecture, et puni d'amende, conformément aux anciens arrêts du Conseil. — Il est certain qu'en ce cas les poursuites doivent être portées devant le tribunal de simple police, et le fait puni d'amende, aux termes de l'art. 475 du Code pénal. — En matière de chemins vicinaux classés, les Conseils de préfecture ne sont compétents que pour connaître du fait d'usurpation. — Non pas que ce fait rentre aucunement dans les hypothèses prévues par l'art. 4 de la loi du 28 pluviôse an VIII et par celle de floréal an X, qui défèrent aux Conseils de préfecture la connaissance des contraventions de grande voirie; mais parce que la loi du 9 ventôse an XIII leur attribue spécialement la connaissance des faits de cette nature. (*Voy. au surplus la circulaire ministérielle du 16 juillet 1845.*)

SIXIÈME RÈGLE. — Les rues des bourgs et des villages ne peuvent être classées comme chemins vicinaux. Un arrêté préfectoral serait donc toujours insuffisant pour les soumettre à la législation des chemins vicinaux (*Voy. la circulaire ministérielle du 24 juin 1836*).—Le ministre de l'intérieur, en posant cette règle aujourd'hui adoptée par une jurisprudence constante, s'est déterminé par des considérations puissantes, qu'il importe de faire ressortir. « Les chemins vicinaux, disait-il, sont, quant à la répression des usurpations, placés, par la loi du 9 ventôse an XIII, sous la juridiction des Conseils de préfecture; tandis que les rues des bourgs et villages font partie de la voirie urbaine ou petite voirie, et que la répression de toutes les contraventions en cette matière est du ressort des tribunaux de police. — Or, il ne peut appartenir à l'administration de renverser, par un simple arrêté, l'ordre des juridictions. »

Cette considération étant d'ordre public, il en résulterait que le prévenu appelé devant un Conseil de préfecture pour contravention relative à une rue de village, mal à propos classée chemin vicinal, serait fondé à exciper du défaut de compétence. Le provisoire ne serait pas dû à l'arrêté préfectoral de classement.

Au reste, une jurisprudence constante de l'ancien Comité du contentieux avait d'avance consacré l'opinion du ministre. — Il cite lui-même, dans sa circulaire, les arrêts du Conseil des 23 janvier et 21 février 1820, celui du 27 avril 1825. — Nous pouvons y ajouter l'arrêt du 13 juillet de la même année, et celui du 8 avril 1829, *Guillaumont.* — (*Voy. à ce sujet M. de Cormenin*, v° CHEMINS VICINAUX, t. I, p. 301; *Dufour*, t. I, n° 591.)

SEPTIÈME RÈGLE. — Le déclassement des chemins étant dans les attributions des mêmes autorités auxquelles appartenait le droit de faire le classement, il en résulte que les préfets peuvent rapporter les arrêtés par lesquels ils ont classé un chemin vicinal. — (*Circulaire ministérielle du 24 juin* 1836. — *Voy. au surplus, sur ce sujet, les notes de l'art.* 19 *de la loi.*)

SECTION Ire.

DES CHEMINS VICINAUX.

Art. 1er. Les *chemins vicinaux* (1) légalement recon-

---

(1) Pour se faire une idée exacte de la loi de 1836 en général, et plus particulièrement de l'art. 1er, il convient de rappeler que les *chemins communaux* se divisent en trois classes : la première est celle qui comprend les chemins vicinaux de grande communication dont il est question à l'art. 7 de la loi. Ils se distinguent à ce fait que leur utilité s'étend à deux ou plusieurs communes. — La deuxième est *celle des chemins vicinaux ordinaires*; ils dépendent généralement d'une seule commune, et, dans tous les cas, ils n'ont pas été classés, conformément à l'art. 7 ci-dessus, parmi les chemins de la première classe. — La troisième, enfin, comprend les chemins non classés, et qu'on désigne assez généralement sous le nom de *chemins ruraux.* Ces chemins ont bien moins d'importance que les autres; ils tiennent plus à la nécessité d'exploiter les terres

nus (2) sont à la charge des communes (3), sauf les dispo-

des particuliers qu'au besoin d'un passage public. Au surplus, ce qui, en droit, les distingue des précédents, c'est qu'ils ne sont pas *classés*. Ils ne sont ni plus ni moins que les autres propriétés privées de la commune. (*Circul. minist. du 24 juin 1836, et ci-dessus, règle 1ʳᵉ.*)

Outre les chemins vicinaux et ruraux, il y a les traverses des villes, des bourgs et des villages. Bien qu'ils soient dans le cœur des chemins vicinaux, ils ne sont jamais réputés tels; ils sont classés dans la voirie urbaine, ainsi qu'il a été dit à la règle 6 des Prolégomènes.

Ces diverses classes de chemins ainsi établies, nous ferons remarquer à nos lecteurs que la loi de 1836 ne s'applique ni aux chemins non classés, ni aux traverses des bourgs et villages.— D'un autre côté, nous leur rappelons que dans le langage légal les mots *chemins vicinaux* ne sont jamais présumés comprendre que les chemins classés. (*Voy. la règle 1ʳᵉ des Prolég.*)

(2) La loi de 1836 ne dit rien sur la manière dont la reconnaissance des chemins vicinaux doit intervenir pour être légale. Mais comme, par son art. 22, elle maintient les dispositions antérieures qui [n'ont rien d'incompatible avec ses propres dispositions, il en résulte que la loi du 28 juillet 1824 règle encore la reconnaissance des chemins vicinaux. Or, aux termes de l'art. 1ᵉʳ de cette loi, « *les chemins doivent être reconnus par un arrêté du préfet, sur une délibération du Conseil municipal.*

La délibération du Conseil municipal tient essentiellement à la forme et aux conditions de la reconnaissance. Toutefois, il est certain que le préfet n'est pas tenu de s'en rapporter à l'avis du Conseil municipal, soit pour déclarer la vicinalité du chemin, soit pour la refuser. Le Conseil donne son avis, mais le préfet décide. (*Arg. de l'art. 1ᵉʳ de la loi du 28 juillet 1824 et de la loi du 23 messidor an V, qui donne exclusivement aux préfets* le droit de constater l'utilité de chaque chemin et de désigner ceux qui, à raison de leur utilité, doivent être conservés.)

Notre article ne mettant à la charge des communes que les chemins *légalement* reconnus, il est résulté dans la pratique quelques difficultés qu'il nous a paru convenable de résoudre à l'aide des décisions judiciaires.

1° Toutes parties intéressées à ce qu'un chemin vicinal ne soit pas classé ont le droit de s'y opposer par la voie administrative seulement; et dans aucun cas la loi n'oblige le maire, et encore moins le préfet, de faire appeler les intéressés devant le Conseil municipal appelé à donner son avis. (*Arrêt du Conseil du 11 janvier 1837, Jousselin.*)

2° Rien n'oblige non plus le préfet à faire publier le tableau des chemins qu'il entend maintenir ou classer parmi les chemins vicinaux. (*Arrêt du Conseil du 17 avril 1836, Couderc, etc.*)

3° Un préfet n'a pas le droit de classer parmi les chemins vicinaux les traverses des bourgs et villages. La jurisprudence a distingué entre les rues et places se trouvant dans les villes et les bourgs, et les chemins vicinaux, pour ce qui est des dégradations et des embarras. Les délits commis sur les rues et places donnent lieu à des peines de simple police ; au contraire, les délits sur les chemins vicinaux sont punis de peines correctionnelles. (*Arrêt de cass. du 2 mai 1811, et la note.*)

4° Au reste, et pour en finir sur ce sujet, nous rappellerons la décision portée par le Conseil d'Etat, le 14 août 1837, Guttin, et de laquelle il résulte que si un chemin a été, sous la loi du 28 juillet, porté sur l'état des chemins vicinaux d'une commune, après l'avis du Conseil municipal, lequel état aurait été publié, affiché et approuvé par le préfet, personne n'est autorisé à exciper de l'irrégularité du classement. (*Arrêt du Conseil du 14 août 1836, Guttin.*)

Mais, la loi ne donnant de l'autorité qu'aux chemins *légalement* reconnus, on se demande jusqu'à quel point un simple particulier serait en droit de se prévaloir de l'illégalité de la reconnaissance. Nous pensons que, le préfet pouvant seul reconnaître un chemin vicinal, lorsque le préfet a pris un arrêté, sur l'avis du Conseil municipal, pour classer un chemin vicinal, la reconnaissance est légale et l'arrêté inattaquable, quelques bonnes raisons qu'ait le particulier de soutenir que le chemin ne devait pas être classé. — Peu importerait même, ainsi que nous l'avons dit, qu'on n'eût pas publié ou affiché l'arrêté.

Le pouvoir accordé exclusivement aux préfets de reconnaître et classer les chemins vicinaux emporte nécessairement les conséquences sans lesquelles l'état du chemin ne serait pas suffisamment constaté. — Notamment il est certain : 1° que le préfet, en classant un chemin, doit en rechercher et déterminer les anciennes limites (*Loi du 9 ventôse an XIII*) ; 2° qu'il peut en modifier la direction, en augmenter ou en diminuer la largeur (*Arrêt du Conseil du 11 janvier 1829, Dargent*) ; 3° si un particulier ne conteste pas que le chemin passe sur sa propriété, mais s'il conteste la direction et la largeur qu'on entend lui donner, il doit s'adresser au préfet pour déterminer cette direction et cette largeur. (*Arrêt du Conseil d'État du 23 décembre 1835, Dellier.*)

Sauf, dans tous ces cas, l'indemnité, s'il y avait lieu, pour les particuliers auxquels l'arrêté du préfet porterait préjudice. (*Arg. de l'art. 15 et la note.*)

Largeur du chemin. — Cette largeur est généralement fixée à six mètres, en observant toutefois que si un chemin a moins que cette largeur, le préfet ne peut l'étendre au delà. (*Arrêt du Conseil d'Etat du 6 déc. 1836, Lesage.*) — Tandis que si le chemin a plus que cette largeur, celle-ci peut

sitions de l'art. 7 ci-après (4).

Art. 2. En cas d'insuffisance des ressources ordinaires des communes (1), il sera pourvu à l'entretien des chemins vici-

---

être réduite. (*Voy. toutefois les arrêts du Conseil des 13 juillet 1825 et 16 décembre 1830, Dionil.*)

S'il s'agissait de la largeur des chemins vicinaux de grande communication, ils peuvent avoir la largeur des routes départementales. (*Voy. art. 3801 du Code administratif.*)

(3) Ce qui s'applique tant aux chemins classés avant les lois des 21 mai 1836 et 28 juillet 1824, qu'à ceux qui ont été classés postérieurement. (*Explications données à la Chambre des députés par le rapporteur de la loi.*)

L'article ne dit pas à la charge de quelles communes. — La Commission de la Chambre des pairs aurait désiré qu'on ajoutât les mots : *sur le territoire desquelles ces chemins sont établis;* mais la Chambre s'y refusa, par la raison que c'eût été dispenser de tout concours à la dépense les communes sur le territoire desquelles le chemin ne passerait pas. Aussi fut-il convenu qu'on pourrait faire concourir toutes les communes qui y auraient intérêt, *bien que les chemins ne passassent pas sur leur territoire.* (*Voy. le Moniteur du 9 avril 1836.*)

(4) Cet art. 7 porte une exception au principe, que les chemins vicinaux sont exclusivement à la charge des communes. Il en résulte que l'on doit se renfermer dans les conditions de cet article. L'exception est à ce prix. Dans le doute, il faut s'en tenir à la règle.

(1) Il est bien important que les maires se pénètrent de la volonté bien expresse du législateur. — Il en résulte que la première ressource à laquelle ils doivent recourir pour l'entretien des chemins vicinaux, est celle qu'ils trouvent dans les revenus ordinaires de la commune. Ce n'est qu'au cas d'insuffisance de ceux-ci qu'ils ont le droit de recourir aux moyens spéciaux dont il est question dans notre article. C'est, du reste, le Conseil municipal qui détermine si, en effet, les ressources ordinaires sont insuffisantes. Le maire doit n'avoir pas ce pouvoir. — Si toutefois le Conseil municipal ne voulait pas reconnaître la nécessité de recourir aux ressources extraordinaires, le préfet pourrait l'ordonner d'office, aux termes de l'art. 39 de la loi du 18 juillet 1837. (*Arrêt du Conseil d'État du 9 juin 1843, ville de Langres.*) Le droit des préfets est tellement étendu à cet égard, qu'ils peuvent imposer d'office les communes qui soutiendraient avoir dans les ressources ordinaires les moyens suffisants pour l'entretien des chemins (voy. la *circul. ministér. du 29 avril 1839*), sauf à attaquer devant le ministre l'arrêté du préfet. (*Infrà, art. 5.*)

Il est une autre ressource dont notre article ne parle pas et à laquelle

les communes ont le droit de recourir : ce sont les contributions extraordinaires, autorisées par décret du pouvoir exécutif, et dont le *maximum*
n'est pas déterminé. — L'art. 6 de la loi du 28 juillet 1824 permettait aux
communes de s'imposer sous ce rapport, et la présente loi n'étant nullement inconciliable avec cet article, celui-ci se trouve conservé par
l'art. 22 ci-après. — Il faut donc reconnaître que, soit en vertu dudit
art. 6, soit en vertu de l'art. 37 et suiv. de la loi du 28 juillet 1837, les
communes peuvent s'imposer extraordinairement pour les chemins vicinaux (*discussion à la Chambre des pairs au sujet de notre article*). — Seulement il en est ici comme des cas ordinaires, les communes doivent
prendre l'initiative de la mesure, et l'art. 40 de la loi de 1837, ni aucune
autre disposition ne permettent aux préfets d'imposer d'office la commune. — C'est là une très-remarquable différence entre cette hypothèse
et celles prévues par notre article.

Nous venons de dire que ce n'était qu'autant que les ressources
ordinaires seraient insuffisantes que les communes pouvaient recourir
aux ressources indiquées par notre article. Quelques personnes ont cru
pouvoir en induire que l'administration devait réserver pour les chemins vicinaux *reconnus* tous les fonds empruntés aux ressources ordinaires pour l'entretien des chemins vicinaux. C'est une erreur. Il est
certain que l'administration peut et doit employer une partie des ressources ordinaires à l'entretien indispensable des chemins vicinaux non
reconnus. — Il est bien vrai que ceux-ci ne sont pas considérés comme
chemins vicinaux, mais bien comme de simples propriétés communales ;
mais comme ces propriétés ont leur utilité, et que cette utilité s'amoin-
drit ou s'étend par l'entretien, l'administration agit sagement, lorsqu'elle emploie pour l'entretien de ces chemins une partié des ressources ordinaires affectées aux chemins. L'administration fait pour
eux ce qu'elle fait pour toutes les autres propriétés, bâties ou non, de la
commune, et c'est son devoir.—Sans doute nous ne voulons pas de grands
frais d'entretien, mais il importe absolument qu'ils soient maintenus à
l'état de viabilité. — Nous disons absolument, et nous le prouvons par
deux considérations puissantes : la première, afin d'éviter des accidents
graves ; la deuxième, afin de soustraire la commune aux indemnités auxquelles ont droit les propriétaires joignant les chemins communaux et
dont les terrains et les récoltes sont foulés par les passants, à cause de
l'état impraticable des chemins.

Il y a sur ce point une différence très-notable entre les ressources ordinaires et les autres ; c'est que les premières peuvent être employées
pour l'entretien des chemins vicinaux, reconnus ou non ; les autres ne
peuvent, sous aucun prétexte, être distraites de la destination des chemins vicinaux *reconnus*. Il y a sur ce point une jurisprudence tellement

naux (2) à l'aide, soit de prestations en nature (3), dont le *maximum* est fixé à trois journées de travail (4), soit de centimes spéciaux en addition au principal des quatre contributions directes, et dont le *maximum* est fixé à cinq.

Le Conseil municipal pourra voter l'une ou l'autre de ces ressources, ou toutes les deux concurremment (5).

Le concours des plus imposés ne sera pas nécessaire dans les délibérations prises pour l'exécution du présent article (6).

---

générale, que le doute n'est plus permis aux administrateurs. (*Voy. la 3ᵉ règle des prolégomènes.*)

(2) L'article ne parle que de l'entretien des chemins vicinaux, mais il est de principe et de pratique constante que les frais de construction des nouveaux chemins vicinaux sont assimilés à ceux nécessités pour l'entretien ; l'article de la loi s'applique à un cas comme à l'autre. (*Voy. les explications données par M. le ministre de l'intérieur dans sa circulaire du 24 juin 1836.*)

(3) Quelques Conseils municipaux, guidés par une très-fausse idée de la dignité de l'homme, ont voulu supprimer ce mode de prestation, qu'ils considèrent comme humiliant. L'administration préfectorale résiste avec intelligence à ces tentatives, prétendues philanthropiques, qui conduiraient à réduire les chemins communaux au triste état dans lequel ils étaient avant la loi de 1836. — En quoi d'ailleurs peut-on dire qu'il y a vexation dans une alternative qui dépend entièrement de l'habitant de la commune ? S'il préfère la prestation en nature à une contribution en argent, il en a le droit ; le lui enlever, c'est lui nuire, c'est contrarier son libre arbitre.

(4) La loi a voulu limiter le nombre des journées, afin que l'administration départementale ou communale n'abusât pas de la loi et n'imposât pas une charge trop lourde aux travailleurs.

(5) La loi s'est confiée aux Conseils municipaux qui, par l'effet de l'élection, se trouvent les représentants les plus désintéressés et les plus compétents de leurs concitoyens, et les juges les plus capables d'apprécier les nécessités de la commune. Ce n'est qu'au cas de faute grave que les préfets doivent prendre l'initiative dont il a été question à la note 1ʳᵉ du présent article.

(6) Dans sa circulaire du 9 juin 1836, le ministre de l'intérieur explique parfaitement cette disposition de l'art. 2 ; il fait observer que si l'art. 5 de la loi du 28 juillet 1824 exigeait l'adjonction des plus imposés pour voter la dépense dont il est question dans notre article, il ne devait

Art. 3. Tout habitant (1), chef de famille (2) ou d'établis-

---

plus en être de même aujourd'hui, que la *réparation des chemins était une dépense obligatoire et ordinaire.*

Observation générale. — Bien que le Conseil municipal soit libre de voter ce que bon lui semble, il faut reconnaître que le vote doit être soumis à l'approbation du préfet; mais, dès que cette approbation est intervenue, la délibération est exécutoire. (*Argument de l'art.* 5 *de la loi du* 28 *juillet* 1824, *conservé à cet égard, ainsi que l'explique parfaitement la circulaire du* 24 *juin* 1836.) N'oublions pas que s'il s'agissait du vote de centimes extraordinaires, dont il est question à la note 1re du présent article, il faudrait l'autorisation du chef du pouvoir exécutif.

La contribution une fois votée par le Conseil municipal et approuvée, le rôle est formé et le recouvrement exercé dans la forme ordinaire.

(1) Des difficultés assez graves se sont élevées sur ce que l'on devait entendre par le mot *habitant*. Voici comment s'explique à cet égard, et en conformité des explications données à la Chambre des députés, le ministre de l'intérieur dans sa circulaire du 24 juin 1836.

« Le mot *habitant* a été d'abord l'objet de quelque hésitation. On a
« demandé à quel caractère positif on pouvait reconnaître qu'un indi-
« vidu était habitant d'une commune, et on a cité le cas d'un proprié-
« taire qui partage son année entre plusieurs communes où il a des
« propriétés. Pour résoudre cette difficulté, il faut d'abord remarquer
« que le législateur a évité d'employer le mot de *domicile*, parce qu'il
« aurait pu être la cause de difficultés, en raison de la différence qui
« peut exister entre le domicile de fait, *ou réel*, et le domicile légal, *ou*
« *de droit*. On s'est servi à dessein du mot habitation, parce que l'*habita-*
« *tion* est la principale cause qui rend imposable à la prestation en na-
« ture. C'est là ce qui constitue en premier ordre l'intérêt au bon état
« des chemins et l'obligation de contribuer à leur entretien. Lors donc
« qu'un propriétaire a plusieurs résidences qu'il habite alternativement,
« et qu'il s'agit de reconnaître dans laquelle il doit être imposé à la
« prestation en nature pour sa personne, il faut rechercher quelle est
« celle des résidences où il a son principal établissement et qu'il habite
« le plus longtemps; c'est là qu'il devra être imposé. »

Dans l'usage, on impose comme habitant celui qui peut être considéré comme habitant au moment de la confection des rôles. Son changement d'habitation ne le soustrairait pas à l'obligation de payer la prestation pour l'année; c'est un point généralement reconnu.

Quid *des ouvriers* qui sont toujours occupés hors de la commune? Ils sont imposés là où ils couchent et où ils ont leur maison d'habitation, leur famille, leur retraite en temps de chômage.

(2) Même *les veuves;* — la veuve, a dit M. le rapporteur de la Chambre

sement, à titre de propriétaire, de fermier ou de colon partiaire, porté au rôle des contributions directes (3), pourra être appelé à fournir, chaque année, une prestation de trois jours : 1° pour sa personne et pour chaque individu mâle valide, âgé de dix-huit ans au moins et de soixante ans au plus, membre ou serviteur de la famille, et résidant dans la commune (4); — 2° pour chacune des charrettes ou voitures attelées, et, en outre, pour chacune des bêtes de somme, de trait, de selle, au service de la famille ou de l'établissement dans la commune (5).

---

des députés, est chef de famille, elle peut et doit payer pour ses enfants. — Il en est de même des femmes mariées, propriétaires de domaines dont l'exploitation est faite en leur nom et à leur profit. (*Arrêt du Conseil d'Etat du* 17 *avril* 1836. *Lafontat.*)

Au reste, s'agissant d'un impôt nécessaire et d'une ressource réclamée par l'utilité générale, la loi et la jurisprudence n'admettent aucune exception, et il est certain qu'on doit y soumettre, 1° les officiers sans troupe de l'état-major logés dans les bâtiments de l'Etat (*arrêt du Conseil du* 18 *juillet* 1838, *Courtois-Lebon*); 2° les gardes forestiers (*arrêt du Conseil du* 7 *décembre* 1843, *Schreyer*); 3° les curés (*arrêt du Conseil du* 1er *juillet* 1840); 4° enfin et généralement tous ceux qui, réunissant les conditions de notre article, ne sont pas exemptés par la loi.

(3) Telle est la 2e condition de l'obligation de payer la prestation, c'est d'être porté au rôle des contributions directes. — Il suffit d'y être porté au moment de la confection des rôles. (*Voyez la fin de la note* (1).)

(4) Remarquez que si l'impôt porte sur plusieurs personnes de la même famille, c'est le chef seul qui paye; il s'arrange comme il peut et comme il veut, pour faire faire ou faire payer les prestations par qui de droit, mais la commune ne connaît que lui.

Quand la loi parle de serviteurs, elle n'entend pas parler des ouvriers ou journaliers; elle n'a en vue que les individus qui reçoivent du chef de famille un salaire annuel et permanent; — il faut encore qu'ils résident avec lui. — S'ils résidaient ailleurs, ils seraient imposés dans le sein de leur résidence. (*Voyez la circulaire du* 24 *juin* 1836, *et deux arrêts du Conseil du* 27 *août* 1840. *Barselou*; *et* 11 *mars* 1843. *Barselou.*)

(5) La loi ne permet d'imposer les charrettes et voitures que si elles sont attelées, et, par cette expression, on doit entendre celles qui sont réellement et effectivement employées au service de la famille ou de l'établissement. Celles qui ne seraient jamais ou presque jamais employées, qui ne seraient enfin qu'un meuble mis en réserve, ne peuvent pas être

imposées. Il en est de même des bêtes de somme de trait ou de selle. Pour qu'elles soient imposables, il faut qu'elles servent au possesseur, ou pour son usage personnel, ou pour celui de sa famille, ou pour l'exploitation de son établissement. Si ces animaux n'étaient pas destinés à cet usage, s'ils étaient un objet de commerce, ou s'ils étaient destinés seulement à la consommation ou à la reproduction, ils ne donneraient pas lieu à la prestation en nature, car ils ne sont réellement pas, comme le veut la loi, *employés pour le service de la famille ou de l'établissement.* (*Circulaire minist. du mois de juin 1836.*)

Il en est de même des animaux destinés aux travaux de l'exploitation, s'ils étaient trop jeunes pour y être employés. (*Même Circulaire, et jurisprudence constante du Conseil d'Etat.*)

Sous la dénomination de charrettes et voitures, le législateur a entendu comprendre les diligences, berlines, calèches, sans se préoccuper si ces attelages pouvaient être employés au transport des matériaux pour l'entretien des chemins. (*Explications données à la Chambre des députés sur l'art. 3.*)

Observations générales.— Les personnes ne sauraient être soumises à la prestation en nature, si elles sont *invalides.* Or, elles le sont, soit par leur âge, ce qui se vérifie facilement par l'acte de naissance, soit à raison de quelque infirmité qui les rend impropres au travail. C'est là un fait notoire dans la commune et qui se justifie par les habitudes mêmes de la personne qui prétend à l'exemption portée par notre article.

La loi n'établit que ces deux exceptions à la prestation en nature ; elles résultent du mot *valide,* qui se trouve dans notre article. Il en est cependant une troisième que la justice et un usage général commandent ; c'est celle en faveur des indigents.—Celle-ci se trouve bien aussi implicitement dans l'article qui ne soumet aux prestations que les habitants *portés au rôle des contributions.*— Mais encore, dans l'usage, les Conseils municipaux dispensent beaucoup d'habitants qui, bien que portés au rôle, sont dans un état voisin de l'indigence. Ils font très-bien, et ils ne contrarient nullement le vœu du législateur. (*Voyez sur ce point la circulaire du mois de juin 1836.*)

Si un propriétaire avait plus d'attelages que de serviteurs, un autre fournirait la prestation pour le conducteur des attelages. (*Explication donnée à la Chambre des députés.*)

Les voitures et les chevaux des fonctionnaires publics ou agents du gouvernement, obligés de les avoir pour leur service, ne sont pas soumis à la prestation en nature. (*Arrêt du Conseil, du 29 janvier 1841, Blondeau; et 8 avril 1842, Gromand.*)

Maîtres de poste. — Les maîtres de poste sont soumis à la prestation en nature 1° pour les chevaux faisant le service des diligences (*arrêt du*

Conseil, du 16 *juillet* 1840, *Tripagne*) ; 2° pour les chevaux excédant le nombre fixé par l'administration pour être exclusivement affectés au service des relais (*Arrêt du Conseil, du* 25 *janvier* 1839, *Guyot*) ; 3° pour leurs employés ou serviteurs autres que les postillons titulaires. — Mais ils sont exempts de la prestation : 1° à raison des chevaux qu'ils doivent tenir disponibles pour le service des relais ; 2° pour les postillons titulaires attachés à leurs relais. (*Arrêt du Conseil, du* 29 *janvier* 1841, *Bulet.*)

Le Conseil d'Etat maintient, par cet arrêt, l'exception, alors même que les chevaux seraient employés à des travaux d'agriculture. — Cette faveur n'est-elle pas un peu forcée ? Ne serait-il pas juste que le maître de poste, qui fait son bien avec les chevaux de son écurie, fût soumis à la prestation en nature ? Sans doute il ne doit pas y être soumis pour tous ses chevaux, alors qu'il les attellerait tous, l'un après l'autre, mais pour un nombre calculé sur l'importance de l'exploitation à laquelle le maître les fait concourir. — Il nous paraît juste qu'un maître de poste qui a du bien, et qui le fait exploiter par les chevaux de son écurie, paye la prestation. — Nous n'admettons pas qu'il y ait un bien exploité sans payement de l'impôt.

Prescription. — L'obligation de fournir les prestations se prescrit par le laps de temps que le préfet a fixé pour leur emploi, en exécution de l'art. 21 de la présente loi. (*Arrêt du Conseil du* 20 *janvier* 1843, *Mollat.*) — La prescription établie pour les contributions directes n'est pas applicable en cette matière. (*Même arrêt.*)

Compétence. — Toutes difficultés résultant de l'application de l'art. 3 sont portées devant le Conseil de préfecture. Les prestations sont considérées comme un impôt, et, à ce titre, elles rentrent dans les principes de compétence propres aux contributions. (*Voyez, sur ce point, la circulaire du mois de juin* 1836.) — A cette règle générale d'attributions, nous ajouterons : 1° que les maires ont seuls qualité pour se pourvoir, dans l'intérêt des habitants, contre toute décision qui dégrève un contribuable (*arrêt du Conseil du* 15 *octobre* 1836, *Dommergue*). — 2° Les autres habitants de la commune ne pourraient pas en leur nom se pourvoir à ce sujet (*même arrêt*). — 3° Les maires n'ont pas besoin d'être autorisés par le Conseil municipal. Les poursuites se faisant sans frais, ils ne peuvent point compromettre les intérêts de la commune (*arrêt du Conseil du* 16 *février* 1826, *commune d'Ervy*). — 4° Les pouvoirs des maires sont tellement spéciaux, que le Conseil d'Etat n'admet pas le recours du ministre des finances contre un arrêté du Conseil de préfecture qui aurait prononcé un dégrèvement. (*Arrêt du Conseil du* 5 *mars* 1841, *commune de La Bretech.*)

Règlement. — Les préfets sont obligés de régler tout ce qui est relatif à l'établissement des rôles et à leur recouvrement, à la libération des contribuables et aux comptes à rendre par les fonctionnaires et les comp-

Art. 4. La prestation sera appréciée en argent, conformément à la valeur qui aura été attribuée annuellement pour la commune, à chaque espèce de journée (1), par le Conseil général, sur la proposition des Conseils d'arrondissement.

La prestation pourra être acquittée en nature ou en argent, au gré du contribuable. — Toutes les fois que le contribuable n'aura pas opté dans les délais prescrits (2), la prestation sera de droit exigible en argent.

---

tables. (*Circulaire du mois de juin* 1836.) — Au reste, l'art. 6 de la loi du 28 juillet 1824 n'étant pas abrogé par la présente loi, il en résulte que « le recouvrement des rôles sera poursuivi comme pour les contributions directes, les dégrèvements prononcés sans frais, les comptes rendus comme pour les autres dépenses communales.» (*Circulaire de juin* 1836.)

(1) La loi n'exige pas une fixation particulière pour chaque commune. Chaque Conseil d'arrondissement peut déterminer une valeur applicable à tout l'arrondissement, ou grouper ensemble un certain nombre de communes, et fixer pour chaque groupe la valeur de la journée. La seule chose exigée par la loi, c'est qu'il y ait une valeur établie pour chaque commune. (*Explication donnée à la Chambre des députés. Voy. le supplément du* Moniteur *du* 27 *février* 1836, *et la circulaire ministérielle du mois de juin* 1836.)

La fixation des journées de travail doit assez généralement être faite de manière à ce que les contribuables préfèrent se libérer en argent. — Il est à désirer, disait le ministre dans sa circulaire, que, sans que les tarifs de conversion soient trop inférieurs au taux des journées de travail, ils présentent cependant, à cet égard, assez d'avantage pour déterminer, autant que possible, les contribuables à s'acquitter en argent. Les communes y gagneront, par la possibilité d'employer des ouvriers salariés, et elles en obtiendront à la fois une plus grande masse de travaux, et des travaux mieux exécutés. Les prestataires y gagneront aussi, puisqu'ils pourront, au moyen d'un rachat inférieur au prix réel de leur journée, se dispenser d'aller perdre sur les chemins un temps que réclament des travaux plus directement productifs. (*Circulaire du mois de juin* 1836.)

(2) Ce délai est d'un mois; la loi ne le dit pas, mais les instructions ministérielles indiquent que le receveur municipal doit donner aux contribuables un avertissement dans une forme déterminée; et, de plus, que ces avertissements doivent porter la sommation formelle de faire, dans un mois, l'option dont il est parlé dans notre article. (*Circulaire du mois de juin* 1836.)

La prestation non rachetée en argent pourra être convertie en tâches, d'après les bases et évaluations des travaux préalablement fixées par le Conseil municipal (3).

---

(3) C'est ce mode que l'administration préfère; il gêne moins le prestataire; il facilite beaucoup aussi la surveillance administrative. — Au reste, le laconisme de l'article a nécessité des explications que nous trouvons dans la circulaire du mois de juin 1836, et que nous croyons utile de placer sous les yeux de nos lecteurs.

« Au premier coup d'œil, dit le ministre, la rédaction du tarif peut « paraître difficile; mais les explications données aux maires feront « bientôt disparaître toute difficulté dans l'emploi de ce moyen nouveau. « On sait généralement, en effet, ce que valent, lorsqu'ils sont payés en « argent, les travaux de différente espèce qui se font sur les chemins vi- « cinaux; combien on paye, par exemple, pour faire ramasser, casser ou « étendre un mètre cube de pierres, ou pour faire creuser un mètre cou- « rant de fossés de telles dimensions; on sait aussi combien coûte le « transport de ces matériaux à une distance donnée. — Le Conseil muni- « cipal n'a donc qu'à arrêter la valeur représentative de ces différentes « espèces de travaux dans un tarif qu'il déclarera devoir servir pour les « conversions en tâches, des prestations non rachetées en argent. Le taux « de conversion des prestations ayant été préalablement fixé par le Con- « seil général, chaque contribuable saura ce qui peut lui être demandé, « soit en argent, soit en tâches. — L'habitant imposé à 3 francs, par « exemple, pour trois journées de travail manuel, saura que, s'il veut ac- « quitter sa prestation en nature, la commune pourra exiger de lui qu'il « fasse telle quantité de telles espèces de travaux; — le cultivateur im- « posé à 9 francs, pour trois journées de charrette, saura que, s'il acquitte « sa prestation en nature, il pourra être astreint à transporter telle « quantité de matériaux de tel endroit à tel autre. — Dans tous les cas, « ajoute le ministre, il est utile de rappeler que les délibérations des « Conseils municipaux sur la conversion des journées en tâches ne sont « exécutoires qu'après l'approbation du préfet. C'est l'application de la « règle générale en pareille matière. »

Cette dernière réserve établie en faveur des préfets nous explique pourquoi, si un Conseil municipal votait des tarifs de conversion trop bas, les préfets pourraient empêcher l'exécution de ces tarifs. — Remarquez bien seulement que le préfet n'ayant pas qualité pour en rédiger un, la prestation serait alors exigible en journées.

La conversion en tâches est une facilité donnée aux prestataires pour se libérer; mais cette facilité ne saurait constituer une obligation, et chaque habitant peut vouloir s'acquitter en prestations en nature. (Ar-

Art. 5. Si le Conseil municipal, mis en demeure (1), n'a pas voté, dans la session désignée à cet effet (2), les prestations et centimes nécessaires, ou si la commune n'en a pas fait emploi dans les délais prescrits (3), le préfet pourra, d'office, soit imposer la commune dans les limites du *maximum* (4), soit faire exécuter les travaux.

---

gument de l'art. 4, qui dit : *La prestation pourra être convertie*, etc.) — Tout comme les Conseils municipaux ne sont pas obligés d'accorder la conversion; ils ne le feront qu'autant qu'ils le croiront utile à la commune. — Enfin, et comme corollaire des deux propositions qui précèdent, il faut tenir pour certain que les préfets n'ont aucun pouvoir pour rendre obligatoire cette conversion.

(1) Cette mise en demeure ne peut avoir lieu que par une invitation directe et spéciale. Les préfets doivent, par un arrêté motivé, inviter le maire à convoquer le Conseil municipal dans un délai déterminé, à l'effet de délibérer sur la réparation des chemins dont le mauvais état doit avoir été préalablement constaté. (*Circulaire du mois de juin* 1836.)

(2) Le mot de *session* dont se sert cet article s'entend aussi bien des réunions extraordinaires que des réunions ordinaires, (*Même circulaire*.)

(3) Il résulte des explications données à la Chambre des députés (*Moniteur* du 1er mars 1836), que l'action des préfets ne peut commencer que lorsque l'inertie de la commune aura laissé expirer les *délais*.

(4) Notre article, combiné avec les pouvoirs généraux donnés aux préfets par les art. 33 et 39 de la loi du 18 juillet 1837, autorise les préfets, après qu'ils ont reconnu l'insuffisance des ressources votées par le Conseil municipal pour l'entretien de ses chemins vicinaux, à mettre ce Conseil municipal en demeure de satisfaire à cette obligation par le vote d'une imposition en centimes additionnels, dans les limites du *maximum* fixé par l'art 2 ci-dessus; et, faute par le Conseil de voter cette imposition, à ordonner l'imposition d'office. (*Arrêt du Conseil d'Etat du 9 juin* 1843, *ville de Langres, et art.* 2, *note* (1) *ci-dessus.*) — Il est même à remarquer qu'au lieu que les centimes additionnels dont il est parlé à l'art. 2 ne peuvent pas dépasser 5, ceux que les préfets peuvent imposer d'office peuvent s'élever jusqu'à 10, aux termes de la loi des finances du 25 juin-10 juillet 1841, art. 2.

Au surplus, il faut reconnaître d'une manière générale que la loi ne distingue pas entre les communes qui n'ont pas des ressources ordinaires et celles qui en ont. Le préfet peut d'office imposer les unes et les autres. (*Circulaire minist. du* 29 *avril* 1839.)

Recours. — Les arrêtés préfectoraux, en cette matière, sont des actes de pure administration. Ils prennent leur source dans les devoirs imposés à

Chaque année, le préfet communiquera au Conseil général l'état des impositions établies d'office en vertu du présent article (5).

Art. 6. Lorsqu'un chemin vicinal intéressera plusieurs communes (1), le préfet, sur l'avis des Conseils municipaux (2), désignera les communes qui devront concourir à sa construction (3) et à son entretien, et fixera la pro-

---

l'administration de maintenir la viabilité des routes et des chemins. Il s'ensuit que ces arrêtés et l'acte du ministre qui les approuve sont inattaquables au contentieux. Il y a sur ce point une jurisprudence constante. (*Arrêt du Conseil d'État du 9 juin 1843, ville de Vire.*)

Les communes n'ont d'autre recours que devant le ministre de l'intérieur. Ce droit leur a été reconnu par la Chambre des députés. (*Voy.* Moniteur de 1836, 1re *colonne de la page 382.*)

(5) C'est là une sorte de déférence pour le Conseil général ; c'est un hommage rendu à l'espèce de tutelle qu'exerce ce Conseil sur ce département et les communes. — Cette obligation imposée aux préfets peut empêcher un abus dans l'exercice du pouvoir que l'article leur donne.

Observations générales. — N'oublions pas que le concours des communes peut être exigé tant pour la construction de nouveaux chemins que pour la réparation des anciens. (*Note 2 de l'art. 2 et circulaire du 24 juin 1836.*)

(1) C'est là une première condition : il faut qu'une commune *soit intéressée* à la construction ou à l'entretien d'un chemin pour être appelée à concourir à la dépense. — Cette condition n'est cependant pas la seule : il faut en outre qu'elle soit administrativement désignée, ainsi qu'il va être dit à la note (3).

(2) C'est un simple avis qui est demandé aux Conseils municipaux ; on conçoit que la loi ne pouvait les constituer juges ni de leurs intérêts ni du droit d'une commune rivale. On sait, du reste, que dans le langage administratif, requérir l'avis d'un Conseil, ce n'est pas s'obliger à s'y conformer. (*Voy., à cet égard, les explications données à la Chambre des députés, telles qu'elles sont rapportées au* Moniteur *du 1er mai 1836, au supplément.*)

(3) Cette partie de l'article, rapprochée de nos observations dans la note (1), prouvent que l'intérêt que peut avoir une commune à la construction ou à l'entretien d'un chemin vicinal ne suffit pas pour la faire contribuer à la dépense ; l'intérêt est quelquefois trop éloigné pour que l'on puisse en faire la base d'une obligation de concours. Tout un département, et plusieurs départements même, peuvent avoir un intérêt plus ou moins direct à la construction d'un chemin ; et s'il était nécessaire

portion dans laquelle chacune d'elles devra y concourir (4).

de faire entrer en ligne de compte des intérêts de cette nature, les préfets seraient très-embarrassés. Ceux-ci doivent donc apprécier seulement les communes ayant un intérêt réel, manifeste et habituel; et c'est à de pareilles conditions seules qu'après avoir pris l'avis des Conseils municipaux intéressés, il peut désigner les communes obligées de concourir à la dépense. C'est là une sorte de jugement administratif pour lequel les préfets doivent se prononcer en toute conscience.

« Pour appliquer la disposition de la loi, disait M. le ministre de l'in-
« térieur dans sa circulaire du mois de juin 1836, il ne suffit pas qu'une
« commune se serve quelquefois d'un chemin situé sur le territoire d'une
« autre commune; il faut que ce chemin soit pour elle un moyen habi-
« tuel et indispensable de communication, et qu'elle le dégrade assez
« pour qu'il soit juste de l'appeler à contribuer à son entretien. Tel est
« évidemment l'esprit de l'article dont nous nous occupons, et en l'appli-
« quant ainsi, vos décisions seront toujours acceptées par les parties in-
« téressées, parce que ces décisions seront fondées sur la plus stricte éga-
« lité, autant que sur un article de loi. »

(4) C'est là encore une nouvelle appréciation : il ne suffit pas qu'une commune soit intéressée; il ne suffit pas qu'elle ait un intérêt direct; il y a encore des degrés dans cet intérêt; et c'est à bien remarquer ces divers degrés d'intérêt que les préfets doivent porter tous leurs soins.

Recours. — Les communes lésées par la taxe imposée à chacune d'elles ont le recours administratif devant le ministre. Cela est évident, c'est le droit commun pour toutes les décisions de préfet. — Mais pourraient-elles se pourvoir par la voie contentieuse contre la décision? Non. S'agissant d'intérêts généraux et administratifs, le préfet et le ministre jouent le rôle d'arbitres nécessaires; ils font acte de pouvoir; or, de pareils actes n'entrent pas dans l'appréciation des tribunaux administratifs, et par conséquent de la section du contentieux du Conseil d'État, qui n'est aujourd'hui qu'un tribunal administratif supérieur. (*Voy. arrêt du Conseil du 4 mai 1843, commune de Malans ; 2 juin 1843, ville de Vendôme.*)

Observations générales. — On remarque : 1° que notre article ne dit pas, comme la loi du 28 juillet 1824, que le préfet décidera en Conseil de préfecture; il serait plus sûr cependant d'agir de même; — 2° que lorsque les Conseils municipaux seront appelés à donner leur avis, ils ne sont pas obligés de s'adjoindre les plus imposés, comme le prescrivait l'art. 9 de la loi de 1825; — 3° enfin que l'article met les travaux de construction sur la même ligne que les travaux d'entretien,

SECTION II.

CHEMINS VICINAUX DE GRANDE COMMUNICATION.

Art. 7. Les chemins vicinaux peuvent, selon leur importance, être déclarés chemins vicinaux de grande communication (1), par le Conseil général (2), sur l'avis des Conseils municipaux, des Conseils d'arrondissement (3), et sur la proposition du préfet (4).

Sur les mêmes avis et propositions, le Conseil général dé-

----

(1) Voy. note (1) de l'art. 1er, à raison des caractères des chemins vicinaux de grande communication.

(2) Remarquez bien que la conversion du chemin se fait *par le Conseil général.* — Nous verrons qu'il ne le peut qu'autant que le préfet lui en fait la proposition ; mais une fois saisi de cette proposition, il en est le juge. Il importait de faire cette observation, à cause du recours, et pour bien préciser ces diverses règles consacrées par la jurisprudence, que 1° la décision du Conseil, au fond, est inattaquable au contentieux (*arrêt du Conseil du 3 mai 1839, Montgaroult*) ; 2° encore moins cette décision est-elle attaquable devant le ministre de l'intérieur, dont les Conseils généraux ne dépendent en aucune manière ; 3° enfin il y aurait lieu, par exception, à attaquer au contentieux les décisions du Conseil général en cette matière, s'il y avait eu violation des formes prescrites par le présent article. (*Arrêt du Conseil du 12 avril 1843, commune de Combin.*)

(3) Les arrondissements et les communes ayant un intérêt direct à un chemin, et pouvant être intéressés soit au *statu quo*, soit à la conversion, il était de toute justice de leur demander ce qu'ils pensaient du projet. Dans tous les cas, c'est un simple conseil qu'on leur demande, et que le Conseil général peut ne pas suivre.

(4) Nous avons dit que le Conseil général était seul juge de la conversion du chemin ; mais le préfet a seul l'initiative de la proposition. Qu'on s'adresse à lui pour obtenir cette proposition, pour lui en faire comprendre la nécessité et même l'urgence, c'est le droit de chacun ; mais à l'administration préfectorale seule aussi appartient le droit de proposer. Cela est si vrai, que si le Conseil général, saisi du projet par le préfet, changeait les termes de la proposition, celui-ci pourrait retirer cette proposition, dessaisir le Conseil général et abandonner le projet. Ces idées ont été parfaitement expliquées à la Chambre des députés par M. Gillon, président de la Commission et au nom de celle-ci. (*Voy. Duvergier, au Bulletin des lois, sur l'art. 7 ci-dessus.*)

termine la direction de chaque chemin vicinal de grande communication (5), et désigne les communes qui doivent contribuer à sa construction ou à son entretien.

Le préfet fixe la largeur et les limites du chemin (6); il dé-

---

(5) Le Conseil général *détermine la direction*, etc. L'article dit sur les *mêmes avis* et *proposition*, c'est-à-dire que l'initiative appartient, comme dans le cas de l'article précédent, au préfet, et que le Conseil général n'a qu'à approuver la direction qui lui est proposée ou à la repousser. Faut-il dire que dans aucun cas il ne peut rien changer au projet de direction? Nous ne le pensons pas : la loi dit que c'est le Conseil *qui détermine* la direction; il est donc juge et juge suprême de cette direction, qui intéresse le département. Il est bien vrai que l'article dit que c'est sur *la proposition* du préfet, mais cette proposition s'entend ici d'une manière générale; le législateur a voulu que le préfet eût l'initiative pour *proposer* au Conseil de déterminer la direction des chemins, et non pour proposer lui-même cette direction de manière à lier l'opinion du Conseil. S'il en était ainsi, le Conseil ne serait plus juge, il ne serait appelé qu'à une sorte d'homologation. Telle n'est pas la pensée qui ressort de l'article; telle n'est pas d'ailleurs l'interprétation qu'il a reçue dans l'usage.

Lorsque le Conseil général s'est expliqué sur la proposition du préfet, celui-ci prend un arrêté pour déclarer la conversion du chemin. — A cet égard, on a demandé à la Chambre des députés, lors de la discussion sur l'art. 7, si la commune qui se croirait lésée par la détermination du préfet pourrait se pourvoir contre son arrêté. M. Gillon, comme rapporteur de la Commission, répondit qu'il n'était pas entré dans la pensée de la Commission d'autoriser le recours au Conseil d'Etat; qu'il fallait laisser un pouvoir discrétionnaire au préfet; que les communes trouveraient une garantie dans le compte que doit rendre le préfet au Conseil général. — Mais M. Vivien répondit, au contraire, que le recours était de droit, qu'il faudrait un texte formel pour en priver les communes; mais que l'arrêté rendu par le préfet étant un acte de pure administration, le recours ne devait pas être fait par la voie contentieuse et porté devant le Conseil d'Etat; qu'il devait être formé par la voie administrative, devant le ministre de l'intérieur. C'est à cette dernière solution que l'opinion s'est rattachée; on l'a trouvée plus juste que celle du rapporteur de la Commission.

(6) Il a été induit de cet article que toute demande d'alignement pour bâtir le long d'un chemin vicinal de grande communication doit être portée devant le préfet, et lui seul a qualité pour donner cet alignement. (*Voy. la circulaire ministérielle de juin* 1836, *et l'art.* 3836 *du* Code administratif; *voy. aussi* 5e *règle des Prolégomènes, et ci-après, art.* 21.)

termine annuellement la proportion dans laquelle chaque commune doit concourir à l'entretien de la ligne vicinale dont elle dépend, et statue sur les offres faites par les particuliers, associations de particuliers ou de communes (7).

D'un autre côté, et vu que l'article ne parle que des chemins vicinaux de grande communication, on a tiré la conséquence que la demande d'alignement pour les chemins vicinaux ordinaires devait être portée devant les maires. Cela est vrai, s'il n'y a qu'à indiquer une ligne préexistante et bien reconnue; mais s'il y avait doute sur la largeur du chemin vicinal, c'est au préfet seul qu'il appartient de déterminer l'alignement. — Tout arrêté municipal autorisant une construction ne garantirait le propriétaire ni des poursuites ni des condamnations produites par l'empiétement sur la largeur du chemin. (*Voy. notamment une décision du Conseil d'État du 28 décembre* 1849, *commune de Beauzac; Gazette administrative du 2 janvier* 1850.)

Toute commune blessée par l'arrêté préfectoral a-t-elle un recours? (*Voy. la note précédente.*)

(7) Il est de principe que ces offres ne peuvent consister qu'en un don, et nullement en un prêt ou avance de fonds. Dans ce dernier cas, le préfet serait sans droit pour l'accepter, puisque, aux termes de l'art. 41 de la loi du 18 juillet 1837, une commune ne peut emprunter qu'en vertu d'une loi.

Comment s'opère le recouvrement des sommes offertes? Il faut distinguer : s'il s'agissait de sommes d'argent offertes à une commune pour un chemin vicinal ordinaire, il pourrait être fait par voie de contrainte, au moyen de l'état dressé par le maire et rendu exécutoire par le préfet. (*Art.* 63 *de la loi du* 18 *juillet* 1837.)

S'il s'agissait de souscriptions ou dons pour l'établissement ou l'entretien de chemins vicinaux de grande communication, elles constituent des contrats administratifs, et la contestation élevée sur l'exécution d'un contrat intervenu entre l'administration et plusieurs propriétaires, et ayant pour objet de régler la part pour laquelle ces propriétaires doivent contribuer à des dépenses effectuées par l'État et dont leurs propriétés sont dans le cas de profiter, est de la compétence de l'autorité administrative. (*Voy. l'arrêt du Conseil du 20 avril* 1837, *préfet du Cher.*)

Observations générales. — Règlement des juridictions. — Il résulte des explications données à la Chambre des députés, que la mission des Conseils généraux se borne à déterminer la direction d'une grande ligne vicinale, par la fixation de ses points extrêmes, et tout au plus des principaux points de son parcours.— Quant aux détails de ce parcours, ils rentrent dans les attributions du préfet. (*Circulaire du 24 juin 1836, et arrêts de cass. des 21 juin 1842, 7 janvier 1845 et 28 février 1849.*)

Dans aucun cas les préfets ne peuvent, exclusivement au Conseil général, ordonner le redressement d'un chemin, si ce redressement doit avoir pour objet d'en changer la direction; c'est la conséquence de notre article, qui laisse au Conseil général seul le droit d'en déterminer la direction.

Le ministre de l'intérieur disait aux préfets, dans sa circulaire du mois de juin : « Ne perdez pas de vue, monsieur le préfet, que l'addition des « mots de grande communication n'enlève pas aux chemins dont il s'agit « le caractère de chemins vicinaux qu'ils avaient précédemment reçu de « vos arrêtés de reconnaissance. Ils restent chemins vicinaux; ils en con- « servent tous les priviléges; ils sont imprescriptibles. La répression des « usurpations reste dévolue à la juridiction des Conseils de préfecture. « Le sol de ces chemins continue d'appartenir aux communes. Celles-ci « demeurent chargées de pourvoir à leur entretien, au moins en partie. « Les fonds départementaux qu'il est permis d'y affecter viennent à la « décharge des communes, non pas comme dépenses départementales « directes, mais seulement comme subvention. Les travaux qui se font « sur ces chemins sont donc des travaux communaux, et nullement des « travaux départementaux ; seulement *il a paru nécessaire de placer ces* « *travaux sous l'autorité immédiate et directe des préfets, parce qu'ils sont* « *faits en vue d'un intérêt plus étendu que le simple intérêt d'une commune,* « *et qu'il était indispensable de confier à une autorité centrale l'exécution des* « *mesures qui intéressent plusieurs communes.* »

Empressons-nous de dire toutefois que d'importantes différences résultent de la conversion des chemins vicinaux en chemins de grande communication; nous les ferons remarquer en suivant les divers articles de la loi.

Certains administrateurs ont déduit de singulières conséquences des dispositions de notre article ; ils ont pensé que le propriétaire de terrain compris dans ces nouvelles limites du chemin, et qui ne s'empressait pas d'arracher les arbres et enlever les constructions existant sur ce terrain, pouvait être poursuivi à raison de ce fait comme usurpateur de chemins. Il est même à remarquer qu'un arrêt de la Cour de cassation du 6 mai 1848, qui repousse cette prétention, semble s'appuyer uniquement sur ce que le propriétaire n'avait pas été mis en demeure par l'administration. Faut-il en tirer la conséquence que la Cour de cassation aurait puni le contrevenant comme usurpateur de chemin s'il avait été régulièrement mis en demeure ? Nous ne saurions le penser. Sans doute, les propriétaires doivent se conformer à l'arrêté du préfet, ils doivent enlever les arbres et constructions compris dans la largeur nouvellement

Art. 8. Les chemins vicinaux de grande communication et, dans les cas extraordinaires, les autres chemins vicinaux pourront (1) recevoir des subventions sur les fonds départementaux.

---

donnée au chemin ; le préfet peut même, à leur défaut, faire démolir les maisons et arracher les arbres, en suivant les formes requises en cas aussi graves. Mais l'autorité peut-elle poursuivre les propriétaires comme usurpateurs de chemins vicinaux ? Non : quand ils ont bâti et planté, ils ont usé de leur droit, et un fait postérieur, quoique solennel, ne peut pas avoir un effet rétroactif, et criminaliser ce qui n'avait été que l'exercice d'un droit.

Indemnité. — Il est dû indemnité aux propriétaires pour la part des terrains compris dans la nouvelle largeur des chemins. (*Voy. les observations sur l'art.* 16.)

(1) Ce dernier mot prouve que le concours du département est facultatif, et que les chemins dont il s'agit n'ont pas un droit absolu à cette subvention. — « Le département n'est pas tenu, disait le ministre dans sa circulaire du 24 juin, de fournir ces subventions. Il le peut si l'intérêt du pays le demande, si les communes y acquièrent des droits par des efforts suffisants, si les ressources départementales le permettent. Ces circonstances n'existant pas, la subvention peut être refusée. Il faut, d'ailleurs, bien observer que les fonds du département ne sont accordés qu'à titre de subvention. Ce n'est pas à titre de dépenses départementales directes qu'ils peuvent être employés sur les chemins de grande communication : c'est à titre de secours. »

Cet article ne permet d'employer la subvention sur les chemins vicinaux qui ne sont pas de grande communication, que dans *les cas extraordinaires.* Mais qui est juge de cette éventualité ? Le ministre de l'intérieur, dans sa circulaire du 24 juin, résout cette question ; il dit : « Les chemins vicinaux de grande communication sont les seuls auxquels puissent être accordées les subventions dont il est question dans l'art. 8. A la vérité la loi excepte de cette règle absolue *les cas extraordinaires.* Mais ces cas extraordinaires, comme, par exemple, celui de la reconstruction d'un pont, seront toujours fort rares, et, afin qu'il ne soit pas fait de ces exceptions un usage trop étendu, *je me réserve formellement d'autoriser l'application des subventions départementales pour les chemins vicinaux qui n'auront pas été déclarés de grande communication.* »

Il résulte de cette explication, qui d'ailleurs est conforme à l'usage, que l'emploi des prestations sur les chemins vicinaux est un acte purement administratif, qui n'est pas susceptible d'être porté devant le Conseil d'Etat par la voie contentieuse.

Il sera pourvu à ces subventions au moyen de centimes facultatifs ordinaires du département et de centimes spéciaux votés annuellement par le Conseil général.

La distribution des subventions sera faite en ayant égard aux ressources, aux sacrifices et aux biens des communes, par le préfet, qui en rendra compte chaque année au Conseil général (2).

Les communes acquitteront la portion des dépenses mise à leur charge au moyen de leurs revenus ordinaires, et, en cas d'insuffisance, au moyen de deux journées de prestation sur les trois journées autorisées par l'art. 2, et des deux tiers des centimes votés par le Conseil municipal, en vertu du même article (3).

---

(2) C'est là encore un acte purement administratif, pour lequel le préfet n'est justiciable que du ministre. Inutile d'ajouter que le *compte qu'il* doit en rendre, tous les ans, au Conseil général, est la plus solennelle des recommandations pour être juste. Il y a là, d'ailleurs, une grave question de responsabilité, et le ministre hésiterait à approuver des distributions de fonds qui auraient été faites au mépris des recommandations de notre article.

L'obligation de rendre un compte annuel au Conseil général prouve que la répartition des dépenses entre les communes doit se faire tous les ans. On conçoit que chaque année apporte des changements dans les ressources et dans les charges des communes, et que, chaque année aussi, le préfet doit avoir égard, ainsi que le veut notre article, *aux ressources, aux sacrifices et aux biens des communes.* — Il n'y a pas de relation nécessaire d'une année à une autre.

(3) Cet article détermine le *maximum* que le préfet peut demander aux communes pour leur concours ; aussi remarquez bien que, si le concours demandé à la commune ne devait pas absorber la totalité de ces deux journées de prestation et les deux tiers du nombre des centimes votés, il est évident que les préfets ne devraient pas élever leur demande jusque-là. Remarquez bien aussi que les revenus ordinaires des communes sont d'abord affectés à cette dépense, lorsque, bien entendu, il reste des fonds libres après l'acquittement des autres dépenses communales. (*Voy. sur ces explications la circulaire ministérielle du 24 juin 1836.*)

Observations générales. — La nature des travaux à faire sur les chemins vicinaux, les bases à suivre pour la répartition de ces travaux et des dépenses, les conflits inévitables qui seraient la conséquence d'une trop grande liberté d'appréciation à accorder aux communes, tout concourt à faire sentir la nécessité qu'il y avait de laisser aux préfets le pouvoir de statuer sur ces divers objets. Donner aux communes le droit de plaider entre elles ou de plaider contre l'administration, c'était détruire la possibilité de certains travaux, c'était au moins en contrarier l'urgence. Voilà pourquoi, dans toutes les diverses hypothèses prévues par l'article, il y a lieu de reconnaître : 1° qu'aucun recours par la voie contentieuse n'est admis contre les arrêtés des préfets sur cette matière ; 2° que le Conseil général lui-même, auquel un compte doit être annuellement rendu, aux termes de notre article, ne peut qu'improuver ce qui a été fait et protester contre ce qui reste à faire (*Explications données à la Chambre des députés à l'occasion de notre article; voy.* le Moniteur *de 1836, p. 398*); 3° que seulement tous arrêtés rendus, soit pour fixer le contingent des communes, soit pour déterminer les cas ordinaires qui nécessiteront l'emploi d'une partie des subventions sur les chemins vicinaux ordinaires, soit pour distribuer les travaux et les forces dans les diverses parties de la voirie vicinale à réparer, sont attaquables devant le ministre de l'intérieur. (*La jurisprudence est constante.*)

M. Garnier (*Des Chemins vicinaux*, supplément, p. 19) pense que toute décision préfectorale qui prescrirait l'emploi de la prestation hors de la commune qu'habitent ceux dont cette prestation est exigée, pourrait être attaquée par la commune, ou par des habitants intéressés, devant le Conseil de préfecture et ensuite devant le Conseil d'État.

Cette opinion ne me paraît pas devoir être suivie ; elle romprait l'économie des dispositions de lois en matière de chemins vicinaux. La loi n'a vu et n'a voulu voir qu'une *voie vicinale* à construire ou à réparer, et toutes ses dispositions résistent à ces fractionnements dont l'objet aurait été de créer des intérêts contradictoires là où ne doit exister qu'un intérêt d'ensemble. Admettre l'action communale dont parle M. Garnier, c'est autoriser l'intervention des communes ayant un intérêt opposé ; c'est paralyser l'action administrative dont il a été question à la note précédente. Sans doute les communes ont droit à ne pas être trop chargées ; sans doute elles ont intérêt que leur argent et les efforts de leurs habitants s'emploient chez elles ; mais, en fait de chemins, le plus grand intérêt des communes n'est pas toujours sur leurs territoires ; et telles réparations quelquefois ne sont utiles à leurs habitants que faites sur une commune étrangère. Reconnaissons donc que l'autorité préfectorale seule est en position de tout apprécier et de tout concilier, et que les communes n'ont rien de mieux à faire qu'à accepter son arbitrage désintéressé, sauf, en cas d'erreur, de fausse appréciation, le recours au ministre de l'intérieur, arbitre suprême des intérêts des communes.

Art. 9. Les chemins vicinaux de grande communication sont placés sous l'autorité du préfet (1). Les dispositions des

---

L'administration ne doit jamais perdre de vue deux choses infiniment importantes : la première, c'est que toutes les sommes votées pour les chemins vicinaux forment un fonds commun qui est réparti sur toute la ligne, sans avoir égard à d'autres circonstances que les besoins de la commune. L'administration préfectorale est arbitre nécessaire et absolue de l'emploi des fonds sur chaque partie du chemin. La deuxième, c'est que la communauté qui s'établit dans l'emploi des fonds et des prestations ne concerne en rien la propriété des chemins. Chaque commune conserve ses droits sur la partie du sol qui traverse son territoire. (*Voy. l'instr. minist. du 24 mai 1836.*)

(1) Cette disposition était nécessaire afin qu'on ne crût pas que, comme chemins vicinaux, les chemins de grande communication étaient confiés à la surveillance de l'autorité municipale. Il est certain que, s'agissant de chemins importants et qui intéressaient plusieurs communes, il était indispensable de les soumettre à un pouvoir qui pût, en cas de conflit, servir d'arbitre, de modérateur. Il est, d'ailleurs, de principe que l'administration municipale étant limitée par le territoire même de la commune, il était impossible de lui laisser l'autorité sur une propriété publique qui s'étend sur plusieurs communes et qui doit être administrée avec ensemble, et presque dans les conditions d'une solidarité absolue.

Le principe une fois posé, il importe de l'expliquer, soit afin de ne pas l'étendre trop loin, soit afin d'en déduire les conséquences.

Et d'abord, l'art. 9, ne dérogeant pas aux principes posés dans la section 1re, il faut reconnaître que les réparations d'entretien des chemins vicinaux sont placées par la loi sous l'autorité des maires : cela devait être, puisqu'il s'agit des travaux communaux qui n'embrassent que le territoire de la commune. La loi que nous expliquons n'a pas dérogé à ce principe. Elle a seulement, par les articles 5 et 6, donné à l'autorité supérieure le droit d'intervenir en cas de besoin pour assurer l'exécution des obligations des communes. (*Circulaire ministérielle du 26 mai 1836.*)

En conséquence, les maires, ayant mission de la loi de 1790 et de celle de 1791 de procurer la viabilité des chemins, sont particulièrement chargés de la police administrative et de faire exécuter les arrêtés pris en ce sens par les préfets, par les Conseils de préfecture, par les ministres. Ainsi notamment, ils peuvent et doivent faire démolir, en exécution des mesures d'urgence prises par les préfets, ou sous-préfets, ou Conseils de préfecture, aux frais des contrevenants, les barrières qui interceptent, ou les clôtures qui rétrécissent les chemins vicinaux. (*Quest. adm. de Cormenin, t. I, p. 288 et 289.*) Les parties n'ont de recours à exercer dans ce cas que contre l'acte administratif auquel le maire ne fait que se soumettre.

articles 4 et 5 de la présente loi leur sont applicables (2).

DISPOSITIONS GÉNÉRALES.

Art. 10. Les chemins vicinaux reconnus et maintenus comme tels sont imprescriptibles (1).

Il y a mieux : les maires comme les préfets peuvent, d'office, ordonner la destruction de l'œuvre nouvelle, de même que les Conseils de préfecture. Seulement, ils statuent par voie de police administrative et provisoirement, tandis que les Conseils de préfecture statuent définitivement et par voie de répression. (*Cormenin, t. I, p.* 301.)

Quant aux alignements, il faut distinguer : S'agit-il d'un chemin vicinal ordinaire ? L'alignement doit être donné par le maire. Au contraire, s'il s'agit d'un alignement demandé, pour construire le long d'un chemin vicinal de grande communication, il ne peut être fixé que par le préfet, aux termes de notre article. (*Voy. arrêt de cass. du* 29 *avril* 1840, *et arrêt du Conseil du* 28 *décembre* 1849, *et surtout les notes sur l'art.* 21 *ci-après.*)

Mais, pour toutes les mesures qui sortent des limites de la police municipale, pour tout ce qui est de nature à réagir sur le chemin vicinal comme voirie vicinale et comme intéressant plusieurs communes, la mission des maires cesse, et alors il faut reconnaître le principe posé par notre article, que *les chemins vicinaux de grande communication sont placés sous l'autorité du préfet.*

Nous n'avons pas à en déduire les conséquences, car ce serait s'exposer à restreindre les pouvoirs illimités des préfets. Ils exercent, à l'égard de ces chemins, une autorité administrative complète, une autorité d'autant plus étendue, qu'ils réunissent à leur propre autorité celle des maires, dans les cas où ceux-ci négligent d'en faire usage dans les occasions.

C'est par suite de l'art. 9 que les préfets sont autorisés 1° à faire le règlement dont il est parlé dans l'art. 21 de la présente loi (*voy. les notes sur cet article*); 2° à faire à ce règlement toutes les modifications qu'ils croiraient convenables, en suivant toutefois la même marche que pour le règlement primitif. (*Voy. les explications données à la Chambre des députés dans la séance du* 8 *mars* 1836.)

(1) S'agissant ici de dispositions générales, il faut reconnaître que notre article s'applique non-seulement aux chemins vicinaux de grande communication, mais encore aux chemins vicinaux ordinaires. C'est ainsi, du reste, que cela fut expliqué à la Chambre des députés, et que cela se pratique.

Seulement, cet article est inapplicable aux chemins non reconnus comme chemins vicinaux. (*Voy. la circulaire minist. du* 24 *juin* 1836.)

« Toutefois, disait le ministre dans cette même circulaire de 1836, de ce que l'art. 10 n'attribue le privilége de l'imprescriptibilité qu'aux chemins qui sont légalement déclarés vicinaux, il ne s'ensuit pas que tous les autres chemins, que les nombreux sentiers qui appartiennent aux communes, puissent être usurpés sans qu'il y ait répression pour ce délit.— Les communes peuvent et doivent s'opposer à ces usurpations, mais elles doivent les poursuivre par une voie autre que les usurpations sur les chemins vicinaux. » (*Voy. ci-après, des chemins ruraux.*)

La sollicitude du ministre a été portée plus loin : il a rappelé aux préfets les diverses juridictions devant lesquelles les communes doivent porter leur action pour obtenir la répression des contraventions de diverses espèces qui se commettent sur les chemins et sur leurs dépendances.

PREMIÈRE RÈGLE. La répression des *usurpations* sur les chemins vicinaux appartient exclusivement aux Conseils de préfecture. (*Art. 8 de la loi du 9 ventôse an XIII, arrêt du Conseil d'État, du 6 février 1837, Robert, et la note des arrêtistes.*)

Remarquez que la loi de l'an XIII parle uniquement des *usurpations* de chemins vicinaux. Ainsi, la déclaration de vicinalité, l'interprétation de cette déclaration, la fixation de la largeur du chemin ou la recherche de ses limites, sont des actes qui restent dans les attributions du préfet. (*Voy. les art. 9, 21 et les notes.*) Si les Conseils de préfecture prononçaient sur ces matières, leurs décisions seraient entachées d'incompétence. (*Voy. la circulaire du 24 juin 1836.*)

Ainsi encore, la répression des *dégradations* sur les chemins qui ne constituent pas des usurpations, est de la compétence des tribunaux de simple police. (*Voy. ladite circulaire, les art. 471, 475 et 479 du Code pénal, et enfin la jurisprudence du Conseil.*)

Sous ce dernier rapport, il n'y a pas à distinguer entre les chemins vicinaux reconnus et les chemins ruraux.

DEUXIÈME RÈGLE. La connaissance des questions de propriété appartient aux tribunaux ordinaires. (*La circulaire du mois de juin 1836 ne fait que rappeler, à ce sujet, le droit commun.*)

Le ministre, en écrivant aux préfets la circulaire ci-dessus, leur donne cet avertissement : « Il est bon, monsieur le préfet, que vous fassiez con-
« naître aux maires un arrêt fort important, rendu en cette matière par
« la Cour de cassation, le 25 septembre 1836, et duquel il résulte que
« lorsqu'un particulier se prétend propriétaire d'un terrain qu'il est pré-
« venu d'avoir usurpé sur un chemin, c'est à ce particulier et non à la

« commune que demeure l'obligation d'établir le droit de propriété. Au
« surplus, la question de propriété, même résolue en faveur des rive-
« rains, n'a plus, depuis longtemps, d'importance que sous le rapport
« pécuniaire, et elle est sans effet quant à la vicinalité. Il était passé en
« jurisprudence, depuis plusieurs années, que le droit de propriété d'un
« chemin déclaré vicinal se résolvait en une question d'indemnité. Cette
« jurisprudence, dit le ministre, est aujourd'hui formellement consacrée
« par l'art. 15 de la loi du 21 mai 1836. »

Il en est autrement pour les chemins vicinaux non reconnus. La question de propriété est une question préjudicielle qui commande aux tribunaux de police de surseoir à toute condamnation jusqu'au moment
où elle sera décidée. (*La jurisprudence sur ce point est constante.*)

TROISIÈME RÈGLE. Si, devant les tribunaux correctionnels
ou de police, le contrevenant contestait, avec quelque fondement, la déclaration de vicinalité, le tribunal devrait renvoyer
devant l'autorité administrative pour interpréter les actes
administratifs rendus à l'occasion de ces chemins. (*Voyez les
diverses décisions rapportées dans notre* Répertoire des juridictions, *t.* IV, *pag.* 469.)

Nous disons avec *quelque fondement*, parce que si les actes administratifs produits à l'audience n'étaient pas susceptibles d'interprétation,
il n'y aurait pas lieu de surseoir; la question préjudicielle étant purement chicanière, il n'y aurait pas lieu de s'y arrêter.

Nous avons résumé dans les trois règles ci-dessus les résultats de la jurisprudence longtemps controversée entre le Conseil d'Etat et la Cour de
cassation : nous aurions pu indiquer une infinité d'arrêts rendus dans
toutes les hypothèses, mais une énumération, quelque complète qu'elle
eût été faite, n'aurait rien ajouté à l'exactitude des règles ci-dessus. Toutefois, notre travail eût été incomplet si nous n'eussions pas rapporté
quelques décisions dont nous pouvons attester aussi l'exactitude, et qui
peuvent servir de corollaires aux règles principales que nous venons de
rapporter. Ces décisions nous ont paru consacrer les règles suivantes.

QUATRIÈME RÈGLE. Si un chemin vicinal était inscrit sur
le tableau des chemins communaux déclarés, et que l'embranchement sur lequel aurait eu lieu l'usurpation n'y figurât pas,
le Conseil de préfecture serait incompétent pour en connaître;
l'embranchement rentrerait tout au plus dans la catégorie
des chemins non reconnus. (*Arrêt du Conseil du 24 octobre
1827. Vochelet.*)

CINQUIÈME RÈGLE.— Qu'une contravention sur un chemin vicinal reconnu soit contestée, en ce sens que la largeur du chemin déclaré ne soit pas suffisamment constatée, le Conseil de préfecture, s'il s'agit d'usurpation, ou les tribunaux de police, s'il s'agit de dégradation, doivent renvoyer devant l'autorité préfectorale pour déterminer cette largeur. (*Arrêt de cassation du* 13 *novembre* 1841.)

SIXIÈME RÈGLE. — Cela est d'autant plus nécessaire qu'il est certain que si des constructions ou plantations avaient été élevées ou faites en dehors de la largeur du chemin vicinal reconnu, le Conseil de préfecture ne saurait être compétent pour en connaître (*Arrêt du Conseil d'État, du* 26 *juillet* 1827, *commune de Varennes Saint-Marc*). Il n'y a alors qu'une question de propriété, qui, ainsi qu'il a été dit ci-dessus, rentre dans les attributions des tribunaux ordinaires. (*Arrêt du Conseil d'État du* 22 *juin* 1836, *Courrèges*.)

SEPTIÈME RÈGLE. — Enfin et d'une manière générale, aucun tribunal, ni juge, ne peut statuer sur une contravention relative aux chemins vicinaux classés, tant qu'il peut y avoir, à raison du classement, de la largeur ou de la direction, un doute pouvant avoir influence sur la condamnation. (*Arrêts du Conseil des* 28 *mai* 1835, *Dutoya ;* 6 *février* 1837, *Robert ; voyez aussi arrêt de cassation du* 13 *novembre* 1841.)

HUITIÈME RÈGLE.— Tout individu condamné pour usurpation de chemin vicinal, par un Conseil de préfecture, ou pour dégradation de ce chemin, par un tribunal de simple police, peut agir contre la commune à raison de la propriété du sol, et pour se faire allouer l'indemnité à laquelle il a droit pour la dépossession qu'il a subie. (*Arrêt du Conseil d'État du* 20 *février* 1840, *Guillemin*.) — Seulement, il est bien certain qu'en pareille circonstance la question de propriété ne constitue pas une question préjudicielle propre à arrêter l'effet de la condamnation.

La Cour de cassation, qui pensait le contraire avant la loi du 21 mai 1836, a abandonné sa première jurisprudence et a consacré la règle ci-dessus. (*Arrêt du 4 août 1836.*)

Prescription.— Bien que la loi déclare imprescriptibles les chemins vicinaux reconnus, il n'en faut pas induire que les faits d'usurpation ne puissent pas être prescrits par rapport à l'action publique. Voici, à ce sujet, les règles consacrées par la jurisprudence. (*Voy. la règle 9 et surtout les notes de l'art. 21.*)

NEUVIÈME RÈGLE. — Tout fait *qui dégrade* un chemin vicinal est reconnu prescriptible par un an, aux termes de l'art. 640 du Code d'instruction criminelle (*arrêt de cassation, du 10 septembre 1840*).—Au contraire, s'il s'agit d'une *usurpation permanente*, d'une construction, d'une plantation, la contravention se renouvelle ou plutôt se continue, et l'on ne peut opposer la prescription même immémoriale (*conséquence de l'art. 10, qui déclare le chemin imprescriptible*).—En ce cas, il est impossible de séparer le fait et la criminalité (*arrêt du Conseil d'Etat, du 4 septembre 1841, Maquillat*).

Cette règle nous paraît fort juste, en ce qui concerne la nécessité de repousser toute exception de prescription dont l'objet serait de maintenir l'usurpation d'un chemin vicinal. Mais nous pensons que, quant à la condamnation à l'amende, il y a lieu, par le Conseil de préfecture, à ne pas la prononcer contre l'usurpateur du chemin, lorsqu'il s'est écoulé le temps nécessaire pour opérer la prescription des contraventions. — La prescription, en effet, est d'ordre public; elle couvre toutes les actions des hommes; elle affranchit de toute peine les grands crimes. Comment admettre, dès lors, qu'un seul fait, celui d'une usurpation de chemin vicinal, fût imprescriptible?— Que la justice ne la respecte pas, comme agissant sur la possession d'une propriété imprescriptible, nous le croyons fort juste; mais qu'on déclare la peine d'amende imprescriptible, c'est ce qu'il n'est pas possible d'admettre.

Nous pensons donc que les Conseils de préfecture doivent faire cesser l'usurpation; mais que le tribunal de police saisi de l'action répressive doit déclarer que, vu le temps écoulé et suffisant pour opérer la prescription de la peine, il n'y a pas lieu de condamner le contrevenant à l'amende. Par cette distinction, les intérêts de la justice et ceux de l'administration nous paraissent conciliés; — la loi, d'ailleurs, n'ayant à ce sujet aucune disposition contraire, nous ne voyons pas pourquoi l'on s'éloignerait ici du droit commun. (*Voy. la note dernière de l'art. 21 ci-après.*)

Art. 11. Le préfet pourra nommer des agents voyers (1);
leur traitement sera fixé par le Conseil général (2).

Ce traitement sera prélevé sur les fonds affectés aux travaux (3).

Les agents voyers prêteront serment. Ils auront le droit de
constater les contraventions et délits et d'en dresser des procès-verbaux (4).

---

(1) C'est là une simple faculté donnée aux préfets. Ceux-ci ne doivent
en user qu'autant que le service de ces agents peut être nécessaire. (*Circulaire du 24 juin 1836.*)

(2) Le traitement doit être fixé, et le législateur n'a pas entendu qu'on
pût, par exemple, leur donner une remise sur les travaux. C'eût été leur
donner un intérêt qui pouvait être en sens inverse des intérêts de la
commune. (*Voy. ladite circulaire.*)

(3) Cette partie de l'article laissait beaucoup à désirer, et le ministre,
dans sa circulaire, a donné aux préfets les explications sans lesquelles il
y aurait eu de nombreuses difficultés. « La dépense de ce service, disait
« le ministre, doit, aux termes de la loi, être prélevée sur les fonds af
« fectés aux travaux, et vous comprendrez qu'il s'agit ici du crédit qui
« sera ouvert par le Conseil général pour fonds de subvention. Il serait
« impossible, en effet, de prélever cette dépense sur les fonds provenant
« du concours des communes. »

En donnant aux agents voyers le droit de constater les contraventions
et délits sur les chemins vicinaux, et d'en dresser procès-verbal, l'art. 11
n'a fait autre chose qu'ajouter de nouveaux agents à ceux qui déjà ont le
droit de constater les contraventions et délits de cette nature. Ainsi, il est
constant que les adjoints aux maires, étant institués par la loi officiers
de police judiciaire, ont qualité pour constater de pareilles contraventions sur une communication vicinale reconnue par l'autorité administrative. (*Arrêt du Conseil d'État du 6 décembre 1820, Boudeville; Cormenin,
Droit admin., v° Chemins vicinaux, vol. I, page 309.*)

(4) *Des procès-verbaux.* — Les procès-verbaux dont il est question dans
notre article ne sont point une idée nouvelle quant à leur forme; il faut
donc reconnaître : 1° qu'ils doivent être présentés au *visa* pour timbre
et à l'enregistrement; 2° qu'ils doivent être soumis aux formes prescrites
par la loi pour leur régularité, lorsqu'ils sont rédigés par un des agents
investis du droit de constater les contraventions.

Mais ces formalités, qui généralement tiennent aux nécessités indispensables de la constatation du fait incriminé, ne peuvent être augmentées d'autres formalités de rigueur. Le fait, les noms, les dates et les lieux

Art. 12. Le *maximum* des centimes spéciaux qui pourront
être votés par les Conseils généraux en vertu de la présente

---

une fois constatés, le but de la loi est atteint, et les tribunaux administratifs ou autres n'ont rien autre chose à exiger. Il est certain qu'aucune
formalité en dehors de cette constatation n'est requise pour les procès-
verbaux, qui peuvent être combattus par des preuves contraires. (*Arrêt
de cass. du 5 janvier 1838.*)

Ce dernier arrêt consacre notamment que ces procès-verbaux n'ont
pas besoin d'être affirmés en justice pour faire foi de leur contenu. Au
surplus, la Cour de cassation a décidé d'une manière plus générale qu'il y
avait cette différence entre les procès-verbaux relatifs à la voirie vicinale
et ceux sur la grande voirie, que ceux-ci sont soumis à la nécessité de
l'affirmation, tandis que les autres n'y sont pas soumis.—Le motif est pris
de ce que le décret du 18 août 1810, qui exige l'affirmation, n'a trait
.qu'aux procès-verbaux de grande voirie; que la loi, du 21 mai 1836 ne
l'exige pas pour les procès-verbaux de petite voirie, et que les nullités ne
peuvent point être suppléées. (*Voy. l'arrêt du 23 février* 1838, J. du Pal.,
vol. I, page 364 de 1840.)—Quel que soit notre respect pour les décisions
de la Cour souveraine, nous conseillons aux agents voyers de ne pas négliger l'affirmation; c'est plus sûr, et plus conforme d'ailleurs au droit
commun. Sans doute, la loi de 1836 ne détermine pas la forme des procès-
verbaux; mais, sans être trop rigoureux, n'a-t-on pas le droit d'exiger
qu'ils soient soumis aux conditions réputées nécessaires aux procès-verbaux en général, et notamment aux procès-verbaux de grande voirie,
pour inspirer la confiance à l'autorité et à la justice?

Dans tous les cas, les procès-verbaux ne font foi que jusqu'à preuve
contraire. C'est là un point de jurisprudence constant.

Les Conseils de préfecture ne sont pas liés par les procès-verbaux, et
nous les avons vus souvent recourir à de nouveaux modes d'instruction
et de preuves, pour être complétement édifiés sur le fait de la contravention qui leur est dénoncée.— Toutefois, ils doivent être circonspects
quand il s'agit de mettre en doute la véracité d'un fonctionnaire public;
nous ne pensons pas qu'ils doivent le faire d'office. Ils doivent attendre
la dénégation et les offres de preuve des parties intéressées.

Les agents voyers saisissent la justice par l'envoi du procès-verbal, soit
au préfet, s'il s'agit d'une affaire de la compétence du Conseil de préfecture, soit au ministère public, s'il s'agit d'un fait qui rentre dans les attributions de l'autorité judiciaire. (*Voy. les notes de l'art. 21 de la présente
loi, à raison de l'action en répression.*)

loi, sera déterminé annuellement par la loi de finances (1).

Art. 13. Les propriétés de l'État, productives de revenus, contribueront aux dépenses des chemins vicinaux dans les mêmes proportions que les propriétés privées, et d'après un rôle spécial dressé par le préfet (1).

Les propriétés de la couronne contribueront aux mêmes

____

(1) Il était inutile que la loi de finances déterminât le *maximum* des centimes à voter par les Conseils municipaux, puisque ce *maximum* est déterminé par l'art. 2 de la loi. — Pareille fixation n'ayant pas eu lieu pour les centimes à voter par les Conseils généraux, il était intéressant pour les communes que le législateur en déterminât annuellement le chiffre, afin qu'on ne pût pas abuser de leurs ressources.

(1) Les dispositions beaucoup trop restreintes de cet article nécessitent des explications que nous retrouvons dans la circulaire ministérielle du mois de juin 1836, et qui d'ailleurs sont conformes aux usages de l'administration.

Notre article n'oblige à contribuer aux dépenses que les biens productifs de revenus, tels que les forêts et biens affermés (ou susceptibles de l'être); quant aux propriétés de l'État qui ne produisent pas de revenus, telles que les domaines ou édifices affectés à des services publics, tels que casernes, etc., elles ne doivent, sous aucun prétexte, être imposées pour les chemins communaux. — Le ministre, dans sa circulaire, en donne pour raison qu'en effet il n'y a que les propriétés d'État productives de revenus qui fassent usage des chemins vicinaux pour leur exploitation.—Inutile d'ajouter que les fermiers des biens de l'État sont soumis à la prestation en nature dont il est question à l'art. 2 de la loi. (*Voir Garnier*, Traité des chemins vicinaux, *au supplém., page* 43.)

Le ministre fait encore observer, dans sa circulaire du mois de juin, que notre article disant que l'État devait contribuer *dans les mêmes proportions que les propriétés privées*, il en résulte que lorsque les communes pourvoient à l'entretien des chemins au moyen des ressources ordinaires, ou lorsqu'elles votent pour le service des chemins vicinaux des prestations en nature seulement, elles n'ont pas à demander à l'État une quote-part. En effet, la prestation en nature n'est pas une contribution assise sur la propriété : c'est une obligation personnelle imposée à l'habitant pour sa personne, pour les personnes qui composent sa famille et comme moyen d'exploitation de sa propriété.

« Le droit des communes, ajoute le ministre, à appeler le concours de l'État ne peut donc avoir d'effet que lorsque ces communes votent des dépenses, conformément à l'article 13 de la loi du 2 mars 1832 (2).

Art. 14. Toutes les fois qu'un chemin vicinal, entretenu à l'état de viabilité par une commune (1), sera habituellement ou temporairement dégradé par des exploitations de mines, de carrières, de forêts ou de toute autre entreprise industrielle appartenant à des particuliers, à des établissements publics, à la couronne ou à l'État (2), il pourra y avoir

---

centimes spéciaux pour la réparation ou l'entretien des chemins vicinaux, en exécution de l'art. 2 de la loi. »

Mode de recours.—Si la commune que la rédaction du rôle spécial dont il est question à l'art. 13 intéresse, croit que les propriétés de l'État sont trop faiblement imposées comparativement aux propriétés privées ; — si, au contraire, l'administration forestière croit qu'elle est lésée par le rôle rédigé à la préfecture, le recours contre l'arrêté préfectoral doit être porté devant le ministre de l'intérieur, comme tous les recours contre tous les arrêtés des préfets pour autre cause que l'incompétence. (*Circulaire du* 24 *juin* 1836.)

(2) Cette partie de l'article est aujourd'hui sans importance, puisque les propriétés de la couronne ont fait retour au domaine de l'État.

(1) C'est là une première condition à laquelle se trouve subordonné le droit des communes. Elles ne peuvent être exigeantes qu'autant qu'elles ont été soigneuses. Si le chemin n'était pas entretenu à l'état de viabilité, la commune ne pourrait imputer qu'à sa propre négligence l'état des chemins. Si des difficultés s'élèvent sur le fait de négligence imputable aux communes, il y a lieu de procéder à une instruction préparatoire.

(2) L'article ne s'applique pas aux établissements agricoles ; ceux-ci, ayant le droit de se servir des chemins suivant leur convenance, ne peuvent être soumis aux charges dont il est ici question. Cela est tellement vrai, que si un propriétaire d'immeubles avait fait un établissement qui eût le double caractère d'établissement industriel et d'établissement agricole, et qu'il n'eût dégradé le chemin que pour le transport des produits de son sol, et nullement de ces produits convertis en produits fabriqués, il ne devrait pas la subvention spéciale portée par notre article. Par exemple, le propriétaire qui produit de la betterave et qui fabrique en même temps du sucre, n'est passible de subvention pour dégradation des chemins vicinaux qu'autant qu'il s'est servi de ces chemins pour le transport de ses sucres ; il n'en doit point pour le transport de ses betteraves. Il n'y a là que transport de récoltes. (*Arrêt du Conseil du* 12 *janvier* 1850, *Martini.*)

lieu (3) à imposer aux entrepreneurs ou propriétaires, suivant que l'exploitation ou les transports auront eu lieu pour les uns ou les autres, des subventions spéciales dont la quotité sera proportionnée à la dégradation extraordinaire (4) qui devra être attribuée aux exploitations.

Au reste, et pour éviter toute équivoque, nous dirons que ce qui distingue les établissements industriels de l'exploitation industrielle, c'est que celle-ci consiste uniquement *à exploiter les fruits produits par la culture de la terre.*

A ce sujet s'est élevée la question de savoir si l'exploitation d'étangs salins constituait seulement une exploitation agricole; ou, au contraire, si elle constituait un établissement industriel. La raison de douter était en ce que ces établissements ne sont pas soumis au payement de la patente. — Néanmoins, on a pensé que, le sel n'étant pas le produit de la culture, on ne pouvait pas le considérer comme une exploitation agricole; que dès lors les propriétaires de ces établissements devaient être déclarés passibles de subventions spéciales, à raison des dégradations extraordinaires occasionnées à un chemin vicinal par l'effet du transport du produit provenant desdites exploitations. (*Arrêt du Conseil du* 15 *mars* 1849, *Agard et comp.*)

« On a demandé, dit M. Duvergier sur cet article, si les communes propriétaires de forêts seraient traitées comme tous autres propriétaires; si elles seraient imposées deux fois : une première fois à raison de leurs contributions, une seconde fois à raison des dégradations qu'elles auraient fait éprouver aux chemins, comme propriétaires. *Le rapporteur a répondu affirmativement.* »

(3) La mesure est donc facultative, et non forcée. (*Voy. le* Moniteur *du* 8 *mars* 1846.)

(4) Remarquez bien que, les chemins étant par leur destination même soumis à être journellement dégradés, la loi n'impose aucune charge pour les dégradations ordinaires; chaque propriétaire paye pour avoir le droit de se servir du chemin. Ce n'est donc que *pour dégradations extraordinaires qu'il y a lieu d'appliquer notre article.* — Or, comme toutes dégradations ordinaires et extraordinaires se confondent, il y a lieu d'établir une proportion dans laquelle les Conseils de préfecture, ainsi qu'il va être dit, font la part de ces dernières.

Il faut encore remarquer que les propriétaires d'établissements soumis à la subvention ne sont tenus d'acquitter leurs contributions qu'autant que la commune acquitte la sienne. L'établissement ne fournit en quelque sorte qu'un supplément, au moyen duquel il a droit d'exiger que le chemin soit complétement réparé. (*Cela fut reconnu à la Chambre des pairs lors*

Ces subventions pourront, au choix des subventionnaires, être acquittées en argent ou en prestations en nature, et seront exclusivement affectées à ceux des chemins qui y auront donné lieu (5).

Elles seront réglées annuellement (6), sur les demandes des communes, par les Conseils de préfecture, après des expertises contradictoires (7), et recouvrées comme en matière de contributions directes (8).

Les experts seront nommés suivant le mode déterminé par l'art. 17 ci-après.

---

de la discussion sur le présent article.) — Dans tous les cas, fit-on observer, il y aura lieu à arbitrage pour déterminer la part afférente à la commune et celle afférente à l'exploitation particulière.

(5) Cette dernière disposition est la conséquence de ce que nous venons de dire, que le propriétaire d'un établissement qui paye une subvention est en droit d'exiger que le chemin soit réparé et, par conséquent, que ce qu'il paye soit exclusivement affecté au chemin qui y aura donné lieu. Il a d'ailleurs un intérêt puissant à ce qu'on ne laisse pas s'aggraver les dégradations par une première négligence.

(6) Ce règlement annuel est d'autant plus obligatoire, que si l'administration laissait passer une année sans réclamer, elle ne pourrait plus exiger les subventions dont parle notre article. Ces subventions ne peuvent jamais être réclamées que pour l'année qui vient de s'écouler. — Le Conseil d'État vient de le consacrer tout récemment *dans son arrêt du 9 février 1850, Vuillet.* — Ce même arrêt, par application du mot *annuellement* qui se trouve dans l'article, a décidé que le Conseil de préfecture ne pouvait pas condamner un propriétaire d'établissement pour une partie de l'année seulement.

Toujours par induction du mot *annuellement*, il est reconnu que les Conseils de préfecture ne peuvent point condamner les propriétaires d'usines pour plusieurs années consécutives. M. Duvergier explique que c'est dans ce but que le mot annuellement a été ajouté dans l'article. (*Arrêt du Conseil du 19 août 1837, commune de Fontenai. — Voy., au surplus, les Observations générales ci-après.*)

(7) Les experts, dans ce cas, doivent prêter serment, à peine de nullité. (*Voy. l'arrêt Vuillet, ci-dessus cité.*)

(8) De là, le Conseil d'État a fait résulter la règle que les procès en matière de subvention n'entraînaient pas la condamnation aux dépens. (*Arrêt du Conseil du 12 janvier 1850, Martini.*)

Ces subventions pourront aussi être déterminées par abonnement ; elles seront réglées, dans ce cas, par le préfet, en Conseil de préfecture (9).

---

(9) Dans tous les cas, le propriétaire doit faire son option dans le délai d'un mois, à partir de la notification qui le condamne à la subvention et qui en fixe la proportion. A défaut de faire cette option, il doit payer en argent. (*Argum. de l'art. 4 ci-dessus, note (2)*.)

Il résulte des termes de l'article que les abonnements sont des contrats facultatifs; c'est un mode de payement auquel les parties intéressées peuvent vouloir donner la préférence et qu'il dépend de l'administration d'accepter ou de refuser.

Mais, si le règlement proposé par le préfet ne convenait pas à la partie intéressée, celle-ci ne pourrait pas se pourvoir au contentieux contre l'arrêté du préfet. Tout ce qu'elle pourrait faire, ce serait de retirer sa demande d'abonnement.

L'abonnement, proposé et accepté, forme un contrat administratif que les parties intéressées et l'administration sont tenues d'exécuter.

Observations générales. — Les diverses décisions que nous venons de rapporter et les opinions par nous émises nous conduisent à reconnaître : 1º que les décisions des Conseils de préfecture ayant trait à l'année qui vient de s'écouler peuvent être contraires l'année suivante, sans qu'on puisse dire qu'il y a violation de la chose jugée. — C'est ainsi, par exemple, qu'il a été reconnu par le Conseil d'État que les Conseils de préfecture pouvaient très-bien imposer des établissements industriels qu'ils avaient d'abord exemptés à raison de leur peu d'importance. Il n'y a aucune relation forcée entre les deux décisions. Ce sont des appréciations *annuelles* que notre article rend complétement indépendantes l'une de l'autre. (*Arrêt du Conseil du 30 mai 1834, Saint-Derréol.*)

2º Que lorsqu'une subvention a été convenue entre une commune et un propriétaire d'usine pour tenir lieu d'indemnité à raison de la dégradation du chemin, il y a là une convention qui n'a d'effet que pendant le temps pour lequel elle a été faite. Une pareille convention n'a aucune influence pour l'avenir. (*Arrêt du Conseil du 14 février 1839, de Feuchères.*)

A ces deux décisions qui se justifient par le mot *annuellement* qui se trouve dans l'article, nous ajouterons quelques décisions qui complètent l'intelligence des dispositions de l'art. 14.

Expertise. — L'expertise contradictoire à laquelle le Conseil de préfecture doit recourir pour fixer le chiffre de la subvention est de nécessité absolue. (*Arrêt du Conseil d'État du 20 juillet 1832, ville de Troyes.*) Elle ne pourrait être suppléée par une enquête administrative. (*Arrêt du Conseil du 21 avril 1830, Michel.*)

Art. 15. Les arrêtés du préfet portant reconnaissance et fixation de la largeur d'un chemin vicinal attribuent définitivement au chemin le sol compris dans les limites qu'ils déterminent.

Le droit des propriétaires riverains se résout en une indemnité qui sera réglée à l'amiable, ou par le juge de paix du canton, sur le rapport d'experts nommés conformément à l'art. 17 (1).

Encore faut-il que l'expertise soit régulière et qu'elle offre les garanties que le législateur a entendu y attacher. — Aussi avons-nous dit, à la note 7, que les experts devaient prêter serment. — Ce serment peut être prêté soit devant le préfet, soit dans la localité, devant le sous-préfet. (*Arrêt du Conseil du 19 mai 1835, Tramoy.*)

Ainsi, les parties intéressées doivent nommer leurs experts, et ce n'est qu'à défaut d'y consentir et après une mise en demeure que l'on peut en nommer un pour le propriétaire d'usine qui refuse de nommer le sien. (*Voy. les notes de l'art. 17.*)

Il est bien entendu que lorsque la question de subvention s'agite entre une commune et plusieurs propriétaires d'établissements, ceux-ci n'ont droit qu'à un seul expert. Ils doivent être mis en demeure de le choisir, afin que, concurremment avec celui nommé par la commune, ils fassent la répartition des dépenses. (*Arrêt du Conseil du 22 février 1833, de Vandeul.*)

Mais du moment que les choses se sont passées de manière à conserver à chacun les garanties réservées par le législateur dans notre article, les Conseils de préfecture doivent être très-avares de nullités. Leur devoir est de ne s'arrêter à aucune irrégularité sans grief. Mais surtout ils ne doivent jamais admettre à critiquer la forme d'une expertise le propriétaire d'usine qui, par lui ou son représentant, a assisté aux opérations sans faire d'observation sur le fait dont il excipe plus tard. (*Arrêts du Conseil des 19 mai 1835, Tramoy, 6 mai 1836, Bigot.*)

Arrêté du Conseil de préfecture. — Cet arrêté, étant un véritable jugement au contentieux, est soumis à l'appel devant le Conseil d'État. La commune et le propriétaire d'usines peuvent donc se pourvoir devant cette juridiction, s'ils ne sont pas contents de la décision des premiers juges.

(1) Une première observation nous frappe en lisant cet article, c'est la différence qu'il établit en matière d'expropriation pour cause d'utilité publique. — En matière ordinaire, on ne peut dépouiller un individu de sa propriété immobilière que par la voie de l'expropriation, lors même que cette propriété serait nécessaire pour *faire un nouveau chemin*.

Mais *si le chemin existait déjà*, fût-il la propriété certaine d'un particulier, la déclaration de vicinalité, c'est-à-dire la reconnaissance de ce chemin, suffit pour opérer l'expropriation immédiate, sans avoir à recourir aux dispositions de la loi de 1841. C'est ainsi notamment qu'il a été jugé que la contravention résultant de ce que le propriétaire a intercepté par des travaux un chemin vicinal régulièrement classé par un arrêté administratif ne pouvait être écartée sur le motif que le délinquant avait été reconnu, par arrêt, propriétaire dudit chemin, et qu'il n'aurait pu être dépossédé que par voie d'expropriation, alors qu'il s'agit non pas d'un chemin nouvellement ouvert, mais d'un ancien chemin à usage public, encore qu'il appartînt à un particulier. (*Arrêt de cass. du 10 février 1848, et arrêt du Conseil du 1er juin 1849, Remi Caban.*) Ce dernier arrêt juge même, et avec raison, suivant nous, que les décisions par lesquelles le ministre de l'intérieur maintient les arrêtés pris à cette occasion par les préfets, sont des actes purement administratifs et, par cela même, non susceptibles d'être déférés au Conseil d'État par la voie contentieuse.— Ce qui n'empêche pas, ainsi que le décide le même Conseil, que les décisions ministérielles ne sont pas un obstacle à ce que les parties fassent valoir, devant les tribunaux compétents, leurs droits à l'indemnité qui peut leur être due, non pour la dépossession des terrains, car cette dépossession existe par le fait de l'existence du chemin, mais pour la perte de la propriété du sol.

Il résulte de cette dernière partie de la décision du Conseil que lorsqu'une anticipation commise sur le sol d'un chemin vicinal régulièrement classé et délimité par l'administration est déférée à un Conseil de préfecture, celui-ci doit procéder immédiatement au jugement et à la répression de la contravention, nonobstant toute exception de propriété proposée par le contrevenant. (*Arrêt du Conseil du 11 août 1849.*)

Les dispositions de l'art. 15 sont absolues, et il est de principe incontestable que dès qu'un chemin est reconnu et déclaré chemin vicinal, il n'est plus susceptible de possession et encore moins de propriété privée. (*Arrêt de cass. du 6 juillet 1841.*)

Souvent la déclaration de vicinalité intervient pendant une instance au sujet de la possession d'un chemin, et alors des difficultés de compétence peuvent s'élever. Voici comment elles doivent être résolues : 1° si une partie prétend être propriétaire du terrain sur lequel repose le chemin, la déclaration de vicinalité de ce chemin dessaisit le tribunal de la question d'attribution de ce terrain. Toutefois, si la commune se déclarait aussi propriétaire de ce terrain, il y aurait lieu par le tribunal de rester saisi, non de la question de propriété, mais bien de celle de savoir si le prix du chemin devra être accordé au propriétaire qui le réclame. —2° Si la partie demandait seulement au tribunal la maintenue en possession du chemin, la déclaration de vicinalité mettrait le tribunal dans l'impossibilité d'en connaître.— Remarquez qu'en se déclarant incompétent, le tribunal n'imprime point à l'arrêté préfectoral un effet rétroactif, car il laisse entière la question d'attribution du prix du terrain. — La partie doit s'imputer d'avoir persisté dans ses conclusions au possessoire. (*Arrêt de cass. du 29 décembre* 1848.)

Il résulte des termes de notre article et d'une jurisprudence constante, que celui qui est en possession du chemin, c'est-à-dire celui qui l'a intercepté, bien qu'il l'ait laissé exister, n'a point à prouver son droit de propriété. C'est à la commune qui revendique le chemin comme étant classé et communal, à justifier de son droit de propriété. (*Arrêt de cass. du 22 novembre* 1847.)

Nous devons rappeler ici ce que nous avons dit dans notre *Commentaire sur l'expropriation pour cause d'utilité publique*, Prolégomènes, règle 3, que si les art. 15 et 16 de la loi de 1836 seuls sont applicables quand il s'agit de régler l'indemnité pour la perte de la propriété du sol du chemin, il fallait reconnaître que la loi du 3 mai 1841 sur l'expropriation devenait applicable même à l'expropriation des chemins vicinaux, pour tout ce qui n'avait pas été réglé par la loi du 21 mai 1836. (*Cass. du 14 décembre* 1847.)

Cet arrêt a spécialement jugé que la plus-value résultant de l'exécution des travaux devait se compenser avec l'indemnité qui serait fixée par les experts, tout comme lorsque l'indemnité est réglée par un jury. (*Art.* 51, *aux notes, de notre* Commentaire sur l'expropriation pour cause d'utilité publique.)

La circulaire du 24 juin 1836 complète de la manière la plus précise le sens de l'article. Nous avons cru utile d'en donner à nos lecteurs quelques extraits.

PREMIÈRE RÈGLE.—Pour qu'un chemin puisse être déclaré vicinal, il est absolument nécessaire que ce chemin existe, et que le public en jouisse par droit ou par usage.— S'il s'agissait, au contraire, d'une avenue, par exemple, qui aurait toujours été fermée de barrières et dont le public n'aurait jamais joui ; — s'il s'agissait d'un chemin pratiqué dans un terrain privé, pour le seul usage de son propriétaire, et sans que le public ait été admis à s'en servir, il n'y aurait pas lieu alors à déclaration de vicinalité, car il n'existerait pas de chemin comme l'entend la loi.

Sans doute, cette avenue, ce chemin particulier ne pourrait prétendre à un privilége d'inviolabilité plus étendu que toute autre partie de la propriété privée; sans doute, si l'administration publique reconnaissait l'indispensable nécessité d'occuper cette avenue ou ce chemin pour en faire un chemin public, elle le pourrait, parce que l'intérêt général l'emporte sur toute autre considération. — Mais alors ce n'est plus sur une simple déclaration de vicinalité qu'il y aurait lieu de procéder. Il s'agirait véritablement, dans ce cas, de l'ouverture d'un chemin nouveau, et il faudrait procéder non plus conformément à l'art. 15, mais bien conformément à l'art. 16 de la loi.

Le ministre donne la raison de la différence dans les deux cas : il peut y avoir, il y a en effet urgence à mettre le public en jouissance d'une voie de communication qui ne lui a jamais été ouverte.

DEUXIÈME RÈGLE. — La déclaration de vicinalité a son effet, quel que soit le propriétaire du sol.

Cette régle est absolue; elle a son effet au préjudice même d'un propriétaire incapable de disposer, ou de l'inaliénabilité du fonds, etc. Il n'est aucun droit de propriété qui soit de nature à paralyser l'action de l'administration.

TROISIÈME RÈGLE. — Tout obstacle à la jouissance du sol compris dans les limites fixées par l'arrêté du préfet sur la déclaration de vicinalité serait une usurpation qui devrait être poursuivie devant le Conseil de préfecture.

Cette régle, que nous trouvons écrite dans la circulaire ministérielle du 24 juin, est d'une facile application quand il s'agit de caractériser un fait nouveau portant obstacle à la pleine et entière possession du chemin. Mais doit-on voir dans cette règle la justification de l'opinion qui tend à considérer comme un fait d'usurpation la négligence de l'ancien propriétaire à arracher les arbres ou bornes qui se trouvent placés sur le sol compris dans la largeur fixée au chemin? Nous ne saurions le croire. L'administration a le droit de faire abattre ou arracher tous ces obstacles : or, ce droit qu'elle a est bien suffisant, et il serait par trop rigoureux qu'on punît comme un usurpateur de chemin le propriétaire auquel il ne serait possible d'imputer aucun fait personnel depuis l'arrêté préfectoral. — L'usurpation, à nos yeux, suppose *l'action*, et jamais nous ne saurions voir un fait de ce genre dans l'abstention et la négligence. C'est ainsi, du reste, que cela se pratique en administration.

Largeur. (Voyez *note* (2), *in fine, de l'art.* 2 *ci-dessus.* Voy. surtout, page 9, *le droit des préfets de maintenir, augmenter ou restreindre cette largeur, et les notes de l'art.* 21.)

Art. 16. Les travaux d'ouverture et de redressement des chemins vicinaux seront autorisés par arrêté du préfet (1).

Lorsque, pour l'exécution du présent article, il y aura lieu

Recours. — Nos lecteurs voudront bien se rappeler ce qui a été dit en note de l'art. 15, que le préfet qui déclare la vicinalité d'un chemin fait acte d'administration, et qu'en raison de cette circonstance, son arrêté n'est pas attaquable au contentieux, le recours n'est pas suspensif. (*Arrêt de cass. du* 27 *mars* 1839.)— Le Conseil d'État décide même que la décision par laquelle le ministre de l'intérieur maintient les arrêtés pris par les préfets en cette matière n'est pas susceptible d'être attaquée devant le Conseil d'État par la voie contentieuse. (*Arrêt du* 1er *juin* 1849, *Remy Caban.*)

(1) L'article précédent règle l'espèce particulière où le préfet déclare la vicinalité d'un chemin existant et où il en détermine la largeur. Quelle que soit l'importance du terrain qu'il comprend dans la largeur du chemin (et sauf le recours administratif des intéressés), il a le droit, par un simple arrêté, d'opérer la dépossession des anciens propriétaires. Ce droit lui appartient en vertu de l'article précédent.— Dans l'art. 16, il s'agit des cas particuliers *de redressement d'un ancien chemin,* ou *d'ouverture d'un nouveau.* Dans ce cas, il suffit bien d'un arrêté préfectoral pour les autoriser, mais les propriétaires des terrains nécessaires pour le nouveau chemin, ou pour le redressement de l'ancien, ne peuvent être dépouillés que par la voie de l'expropriation. Cette voie est nécessaire, lors même qu'il s'agirait d'un redressement peu important, et que le sol à exproprier devrait être bien moins considérable que celui qu'en vertu de l'article précédent un préfet comprendrait dans la largeur d'un chemin dont il déclarerait la vicinalité.

Cette différence d'hypothèses comprises dans les deux articles doit d'autant plus être appréciée qu'elle tient aux formes à employer.— Par l'art. 15, le préfet *déclare la vicinalité d'un chemin existant* ; par l'art. 16, *il ouvre un nouveau chemin, ou il en redresse un ancien.* Or, dans ces deux éventualités, il doit recourir à des moyens différents.

Quoi qu'il en soit, remarquez bien que l'art. 16 n'a d'autre objet que de simplifier les formes relatives à l'expropriation pour cause d'utilité publique. Il établit pour l'expropriation en matière de chemins vicinaux une dérogation aux lois de 1833 et du 3 mai 1841.— Ce n'est que pour les circonstances non prévues par la présente loi qu'il serait permis et commandé de recourir aux dispositions générales de la loi du 3 mai 1841. (*Voy. la note* (1) *de l'art.* 15.)

de recourir à l'expropriation (2), le jury spécial chargé de régler les indemnités ne sera composé que de quatre jurés. Le tribunal d'arrondissement, en prononçant l'expropriation, désignera, pour présider et diriger le jury, l'un de ses membres ou le juge de paix du canton. Ce magistrat aura voix délibérative en cas de partage.

Le tribunal choisira sur la liste générale prescrite par la loi du 7 juillet 1833 (aujourd'hui la loi du 3 mai 1841), quatre personnes pour former le jury spécial, et trois jurés supplémentaires. L'administration et la partie intéressée auront respectivement le droit d'exercer une récusation péremptoire (3).

Le juge recevra les acquiescements des parties.

Son procès-verbal emportera translation définitive de propriété (4).

---

(2) Il y aura lieu à expropriation dès le moment que le préfet aura pris un arrêté portant nécessité de l'ouverture d'un nouveau chemin, ou du redressement de l'ancien, c'est-à-dire quand il s'agira de faire passer un chemin sur des terrains qu'il n'occupait pas, ou de le redresser, ce qui n'est au fond qu'une ouverture de chemin dans des limites moin; étendues.— Dans ce cas, il n'est pas besoin d'un décret du pouvoir exécutif, ni d'une enquête administrative, comme dans le cas de l'expropriation en droit commun. L'arrêté préfectoral suffit pour déclarer l'utilité publique et pour satisfaire aux nécessités générales de l'art. 11 de la Constitution et des conséquences que nous en avons tirées à la note (2) de l'art. 3 de notre *Commentaire sur la loi de l'expropriation pour cause d'utilité publique.*

Quid du recours des parties intéressées? Ici, comme dans l'article précédent, le préfet agissant comme fonctionnaire public, on ne peut attaquer son arrêté que par la voie administrative. Tout recours au contentieux serait non recevable. Les parties intéressées ne pourraient se pourvoir que devant le ministre de l'intérieur, et ensuite au Conseil d'État. (*Arrêt de cass. du 29 janvier 1814, commune de Loken; et arrêt de cass. du 23 avril 1838. Voy. la note, in fine, de l'article précédent.*)

(3) C'est là une modification importante à la loi sur l'expropriation. Mais remarquez que ce que nous avons dit dans notre commentaire de la loi du 3 mai, et à la note précédente, est applicable à notre article. La loi de 1841 fait le complément de celle-ci, ainsi que nous avons eu plusieurs fois l'occasion de le dire.

(4) Le juge est en quelque sorte, en ce cas, officier ministériel; il donne

Le recours en cassation, soit contre le jugement qui prononcera l'expropriation, soit contre la déclaration du jury qui réglera l'indemnité, n'aura lieu que dans les cas prévus et dans les formes déterminées par la loi du 7 juillet 1833 (aujourd'hui la loi du 3 mai 1841 (5).

---

acte des consentements, des conventions relatives à l'aliénation du sol. Au reste, les parties peuvent s'entendre avant d'être appelées devant le juge en réglement d'indemnité. « Dans tous les cas de l'art. 15 et de l'art. 16 de « la loi, disait le ministre dans sa circulaire du 24 juin 1836, une voie est « d'abord ouverte; c'est le réglement de l'indemnité à l'amiable. Les con- « ditions en seront débattues par le maire et par le propriétaire intéressé. « S'il y a accord, elles seront soumises à la délibération du Conseil mu- « nicipal, et vous statuerez dans la forme voulue par l'art. 10 de la loi du « 24 juillet 1824, ainsi conçu:

« Les acquisitions, aliénations et échanges ayant pour objet les che- « mins communaux seront autorisés par les arrêtés des préfets en Conseil « de préfecture, après délibération des Conseils municipaux intéressés, et « après enquête *de commodo et incommodo*, lorsque la valeur des terrains « à acquérir, à vendre ou à échanger, n'excédera pas trois mille francs.

« Seront aussi autorisés par les préfets, dans les mêmes formes, les « travaux d'ouverture ou d'élargissement desdits chemins, et l'extraction « des matériaux nécessaires à leur établissement, qui pourront donner « lieu à des expropriations pour cause d'utilité publique, en vertu de la « loi du 8 mars 1810, lorsque l'indemnité due aux propriétaires pour les « terrains ou pour les matériaux n'excédera pas la même somme de trois « mille francs. »

« Cet article, ajoute le ministre, est conservé par l'art. 22 de la nou- « velle loi. — Vous remarquerez seulement, ajoute-t-il, qu'il n'y a plus « lieu de procéder à l'enquête *de commodo et incommodo* pour les acqui- « sitions à faire en vertu de l'art. 15 de la loi du 21 mai 1836, puisque « vos arrêtés ont aujourd'hui pour effet d'attribuer définitivement au « chemin le sol compris dans les limites par vous réglées. Par application « du même principe, vous n'êtes plus restreint, pour ces acquisitions, ou, « pour parler plus exactement, pour ces indemnités, dans la limite de la « valeur de 3,000 fr. fixée par la loi de 1824. Dès que la loi de 1836 a « donné à vos arrêtés de reconnaissance et de fixation de largeur des « chemins le droit d'incorporer au chemin le sol nécessaire à la circula- « tion, il faut que ces arrêtés soient exécutoires dans toute leur étendue.»

(5) Voy. l'art. 20 de la loi du 3 mai 1841, et les observations générales en note de cet article.

₣ Nous ajouterons ici une décision importante dont nous n'avons pas parlé dans la loi sur l'expropriation pour cause d'utilité publique. Il a été jugé : 1° que le délai de quinzaine accordé aux intéressés en matière d'expropriation pour cause d'utilité publique, pour se pourvoir en cassation contre la décision du jury, court du jour même où cette décision a été rendue, qu'elle l'ait été contradictoirement ou par défaut, alors même qu'elle n'aurait point été signifiée à la partie qui forme le pourvoi. (*Loi du 3 mai 1841, art. 31 et 42.*)

2° Que, cependant, si le préfet n'avait pas fait signifier aux parties intéressées, au moins huitaine à l'avance, conformément à l'art. 31 de la loi du 3 mai 1841, l'indication du jour où le jury devait s'assembler, le délai du pourvoi contre sa décision courait, non du jour de ladite décision, mais du jour de sa signification régulière, à personne ou domicile. (*Arrêt de cass. du 2 avril 1849.*)

Observations générales.— On a demandé si le préfet prenait son arrêté seul ou s'il devait le prendre en Conseil de préfecture. L'art. 10 de la loi du 28 juillet 1824 l'exigeait. Les art. 15 et 16 gardent le silence. Les opinions sont partagées à cet égard ; toutefois nous pensons qu'il est prudent de se conformer à l'opinion de M. de Cormenin, t. I, p. 299, qui pense que le préfet n'étant compétent qu'en Conseil de préfecture pour autoriser les aliénations, acquisitions, etc., etc., il y a lieu, dans la circonstance, de décider en Conseil. Nous ajouterons que l'art. 22 ci-après n'abrogeant de la loi de 1824 que les dispositions contraires aux articles dont la loi de 1836 se compose, nous ne voyons rien d'inconciliable entre les art. 15 et 16 qui règlent les attributions du préfet, et la nécessité de faire intervenir le Conseil. Il y a tout au plus une omission qui doit être réparée par les principes du droit commun.

Empressons-nous de dire que le Conseil de préfecture n'a pas d'autorité indépendante sur ce point ; il est sans pouvoir, soit pour statuer sur l'ouverture d'un nouveau chemin, soit pour en changer la direction, soit pour en déterminer la largeur. (*Jurisprudence constante.*)

Combinaison des art. 15 et 16 avec la loi du 3 mai 1841.— Cette dernière loi formant le complément de celle de 1836, ainsi que nous l'avons plusieurs fois énoncé, il en résulte que toutes les formalités prescrites par ses art. 4, 5, 6, 7, 12, 13, etc., en tout ce qui n'est pas modifié par les art. 15 et 16, doivent être suivies. Cela offre, du reste, bien peu de difficultés. Mais il en est quelques-unes que nous avons cru devoir indiquer et résoudre par l'exposition de quelques règles généralement consacrées.

PREMIÈRE RÈGLE. — Le jury ne peut et ne doit être appelé à statuer sur les indemnités que pour l'ouverture d'un nouveau chemin ou pour son redressement, et non pour ce qui concerne l'élargissement d'un chemin ouvert. (*Voy. les notes sur l'art. 15 et celles sur l'art. 16.*)

DEUXIÈME RÈGLE. — Il n'appartient qu'aux préfets d'ordonner l'ouverture de nouveaux chemins, d'en fixer le classement, la largeur et la direction (*arrêt du Conseil du 1er novembre 1820, Coulange et comp.*), sauf recours au ministre de l'intérieur. Les Conseils de préfecture sont absolument sans pouvoir pour ordonner l'établissement d'un nouveau chemin, ni statuer sur la dimension et l'usage d'un chemin déjà existant. (*Arrêt du Conseil du 18 juillet 1821, commune de Blagues.*)

TROISIÈME RÈGLE. — En cas de cession amiable de terrains propres à l'ouverture d'un nouveau chemin ou au redressement d'un ancien, il faut recourir aux principes consacrés par la loi du 3 mai 1841. *La jurisprudence sur cepoint est générale. Voy. les régles par nous posées, en cette matière, à la suite de l'art. 13, note (1) de notre commentaire sur la loi de 1841.*)

Enregistrement des actes. — A l'occasion du silence de la loi de 1836 sur les chemins vicinaux, la régie de l'enregistrement a soutenu, et fait juger même, que les communes ne jouissaient pas, dans le cas de cette loi, de l'exemption des droits d'enregistrement dont les parties intéressées sont relevées par l'art. 58 de la loi du 3 mai 1841 : cette décision était rigoureuse ; elle était de nature à arrêter le mouvement qui entraînait les populations vers de nouvelles communications vicinales. Les préfets écrivirent à M. le ministre de l'intérieur, et celui-ci crut devoir s'occuper sérieusement de cette question. Or, il ne tarda pas à se convaincre de la nécessité, et, tout au moins, de la parfaite convenance qu'il y avait de faire profiter les entrepreneurs et les administrations, en voie de traiter d'un terrain pour chemins vicinaux, du privilége établi par l'art. 58 ci-dessus mentionné. M. le ministre écrivit en conséquence aux préfets, le 2 décembre 1848, pour les informer de son opinion. Il leur dit même que la Cour de cass. du 19 juin 1844 mettait un terme à la controverse sérieuse à laquelle la question proposée avait donné lieu. (*Voy. la circulaire du 2 décembre 1848 ; voy. aussi notre commentaire sur l'art. 58 de la loi du 3 mai 1841, infrà, art. 19, règle 12.*)

L'observation qui précède est commune aux formalités hypothécaires. (*Même circulaire, et art. 13 de la loi du 3 mai, avec les notes de notre commentaire.*)

Résumé. — Notre savant confrère M. Duvergier fait observer, en note de l'art. 16, combien fut décousue, embarrassée la discussion à la-

Art. 17. Les extractions de matériaux, les dépôts et enlèvements de terre, les occupations temporaires (1), seront autorisés par arrêté du préfet, lequel désignera les lieux (2). Cet arrêté sera notifié aux parties intéressées au moins dix jours avant que son exécution puisse être commencée (3).

---

quelle cet article donna lieu. — Mais, débarrassant son esprit droit et consciencieux de tout le verbiage qu'il dit n'avoir pas été bien compris par les hommes les plus judicieux de la Chambre, il dit :

« Voici ce qui résulte, à mon avis, de la discussion. 1° D'abord on a, incontestablement, voulu modifier les règles prescrites par la loi du 7 juillet 1833 (aujourd'hui la loi du 3 mai 1841) sur l'expropriation ; 2° on a entendu remplacer l'ordonnance du roi déclarative d'utilité publique par un arrêté du préfet ; 3° on a voulu supprimer l'enquête administrative ; 4° enfin, au jury composé de douze membres on a cru devoir substituer un jury composé de quatre seulement. »

Empressons-nous d'ajouter que, ces modifications une fois reconnues et consacrées, on a voulu que pour tout le surplus les tribunaux et l'administration observassent la disposition de la loi du 3 mai 1841. (*C'est ce qui résulte de la règle précédente et des observations plusieurs fois renouvelées à ce sujet.*)

(1) Remarquez qu'il ne s'agit, dans cet article, que de l'occupation ou de l'extraction, qui ne doivent affecter la propriété que pour un temps. C'est à cette hypothèse seule que la loi se réfère. Si l'occupation devait être permanente, si les extractions étaient de nature à supprimer la propriété ou à en faire disparaître l'utilité, ce serait une véritable expropriation, et l'on devrait recourir aux dispositions de l'art. 16 précédent. Il en est ici comme des cas prévus dans notre *Commentaire sur l'expropriation pour cause d'utilité publique*, Prolég., n° 9, 10, 11, etc. — Nos lecteurs trouveront à cette indication tout ce qu'il importe d'apprécier en fait de *dommage permanent* et de *dommage temporaire*. Ils y trouveront le moyen de concilier le Conseil d'État et la Cour de cassation, qui pendant longtemps n'ont pu se convaincre réciproquement pour poser les véritables règles d'interprétation sur cette matière difficile.

(2) *Acte administratif* non susceptible de recours par la voie contentieuse : les parties intéressées n'ont de recours que devant le ministre (*Voy. toutefois la note* (3) *ci-après.*)

(3) Ces délais sont accordés aux parties intéressées pour leur donner le temps de faire leurs réclamations, soit auprès du préfet, soit auprès du ministre. Dans tous les cas, les tribunaux civils, les juges de paix n'ont aucun droit pour empêcher et même pour suspendre l'effet de l'arrêté préfectoral.

Si l'indemnité ne peut être fixée à l'amiable, elle sera réglée par le Conseil de préfecture (4), sur le rapport d'experts nommés l'un par le sous-préfet, l'autre par le propriétaire (5).

En cas de désaccord, le tiers expert sera nommé par le Conseil de préfecture (6).

Nous avons dit, à la note (2), que l'arrêté préfectoral n'était pas susceptible de recours au contentieux ; cependant il est telle circonstance où les parties intéressées pourraient l'attaquer devant le Conseil d'État ; cela a lieu dans le cas d'excès de pouvoir. Il en serait de même si le préfet désignait des terrains manifestement dispensés par la loi de ce genre d'occupation. Ainsi, il est certain qu'un préfet ne peut désigner les propriétés bâties ou seulement closes, soit de murs, soit d'une toute autre manière autorisée par l'usage des lieux. (*Arrêt du Conseil du 7 sept.* 1755, *et arrêt du Conseil du 20 mars* 1780, *interprétant le précédent, art.* 3986 *et* 3987 *de notre* Code administ. *Jurisprudence constante du Conseil d'État,* *arrêt du 24 octobre* 1834. *Tarbé des Sablons, et les notes des arrétistes.*)

Les parties intéressées pourraient aussi se pourvoir au contentieux si le préfet autorisait les extractions dans des bois soumis au régime forestier, au mépris des art. 170 à 175 de l'ordonnance du 1er août 1827.

(4) Cette disposition a eu pour objet de fixer définitivement la compétence des Conseils de préfecture. Elle n'existait pas dans la loi du mois de juillet 1824.

Cette partie de notre article, en rappelant le droit commun en fait de compétence administrative, pour apprécier les effets d'un acte administratif, a déterminé en faveur de cette juridiction une compétence large et générale. Ainsi il est décidé : 1° que les Conseils de préfecture étaient compétents pour connaître de la demande en réparation des dommages occasionnés par les travaux relatifs à des chemins vicinaux et exécutés par l'intermédiaire d'un entrepreneur. (*Arrêts du Conseil des* 16 *novembre* 1836, *Dubos, et* 30 *décembre* 1843, *Nicod de Ronchand.*)

(5) Les experts sont nommés ici dans les mêmes conditions et soumis aux mêmes dispositions jugées nécessaires pour leur entière indépendance et pour donner aux parties intéressées les garanties de probité et de justice auxquelles ont droit tous les justiciables.— Il est donc certain, 1° que les experts sont soumis à la prestation du serment, à peine de nullité (*jurisprudence constante; argument de l'art.* 315 *du Code de procédure* *civile*); 2° qu'ils peuvent être récusés ainsi et de la même manière que dans le droit commun (*Argument de l'art.* 310 *du Code de procéd. civ. et* *jurisprud. constante*); 3° qu'ils doivent faire appeler les parties à l'expertise, à l'effet de faire leurs observations, etc.

(6) Le Conseil de préfecture s'éclaire par le rapport des experts ; mais

Art. 18. L'action en indemnité des propriétaires pour les terrains qui auront servi à la confection des chemins vicinaux sera prescrite par le laps de deux ans (1).

---

il juge en suivant les impulsions de sa conscience. Rien ne l'oblige de suivre l'avis de tel ou tel expert, pas même l'opinion de la majorité, et la conclusion du rapport. Il en est dans le cas prévu par notre article comme en droit commun, où l,on considère l'expertise comme une instruction préparatoire ne liant nullement la conscience du juge. (*Argument de l'art. 333 du Code de procédure.*)

Observations générales. — Le ministre de l'intérieur disait aux préfets, dans sa circulaire du mois de juin 1836, que les dispositions de l'art. 17 ne faisaient qu'appliquer aux travaux des chemins vicinaux des règles prescrites dans les cas analogues pour les travaux de routes nationales et départementales. — Cette observation infiniment juste nous conduit à penser que tout ce qui n'est pas prévu par notre art. 17 doit être complété par les lois, règlements, usages et décisions relatifs à l'extraction des matériaux nécessaires pour la confection des travaux publics en général. — Nous n'avons pas à parcourir ici les textes nombreux que nous aurions à invoquer; nos lecteurs les trouveront exactement indiqués et développés dans notre *Code administratif*, art. 3983 et suiv. — La seule chose qu'il importait de faire ici, c'était de poser la règle d'interprétation nécessaire pour compléter l'intelligence de l'art. 17 de la loi; article qui, à raison de ses rapports avec les autres matières de droit, devait être très-succinct et très-peu développé.

(1) La loi ne dit pas à quelle époque doit être payée l'indemnité due aux propriétaires dans les diverses hypothèses prévues par les art. 15, 16 et 17.—Il importe cependant de faire quelques appréciations toutes particulières aux chemins vicinaux.

PREMIÈRE RÈGLE. — Dans le cas de l'art. 15, l'indemnité peut n'être payée qu'après la prise de possession.

« Pendant longtemps, disait le ministre dans sa circulaire du mois de « juin, on poussa le respect de la propriété jusqu'à surseoir aux déclara-« tions de vicinalité, dans le cas où les droits de propriété étaient seule-« ment contestés; mais ce système était trop nuisible à l'intérêt public « pour qu'il ne fût par modifié, et depuis quelques années il a été admis « comme jurisprudence, par l'autorité administrative, que la déclaration « de vicinalité mettait le public en jouissance légale du chemin, sauf rè-« glement ultérieur de l'indemnité, s'il y avait lieu. »

DEUXIÈME RÈGLE.—L'on n'a pas besoin non plus de payer préalablement d'indemnité dans le cas où il s'agit d'extraction de matériaux ou de l'occupation temporaire des terrains.

Art. 19. En cas de changement de direction ou d'abandon d'un chemin vicinal, en tout ou en partie (1), les propriétaires riverains de la partie de ce chemin qui cessera de servir de

---

Il est bien difficile, en effet, que des experts puissent estimer d'avance et la durée de l'occupation et la quantité de matériaux dont on aura besoin pour le chemin. Tout ce que peut et doit faire l'administration, c'est d'accorder ou faire accorder d'avance par l'entrepreneur une indemnité quelconque, sauf à la compléter plus tard, c'est-à-dire à la fin de l'occupation du terrain, ou à la cessation de l'extraction des matériaux. (*Art. 9, à la note, de notre* Code administr.)—Si, dans le cas d'extraction de matériaux, on peut estimer à tant la mesure, le propriétaire pourrait exiger qu'on le payât au fur et à mesure, c'est-à-dire en proportion des mètres de matériaux enlevés. C'est ainsi, d'ailleurs, que cela se pratique.

TROISIÈME RÈGLE.— Enfin, lorsqu'il s'agit d'un nouveau chemin à construire, ou d'un chemin à redresser, c'est-à-dire lorsqu'il y a lieu à expropriation suivant ce qui a été dit par application et en note de l'art. 16, l'indemnité doit être préalable. Il en est ici comme en matière d'expropriation ordinaire. On doit alors se conformer et à l'art. 11 de la Constitution et à l'art. 53 de la loi du 3 mai 1841. (*Voy. notre commentaire sur cet article.*)

On ne pourrait pas raisonner dans cette hypothèse comme le ministre l'a fait dans sa circulaire de 1836, pour le cas où il s'agit de déclarer la vicinalité d'un chemin déjà existant. Il y a toujours urgence de maintenir une circulation déjà existante; il n'en est pas de même pour ouvrir un chemin dont on s'est passé de tout temps.

Prescription.— Lors de la discussion sur notre article, il fut mis en doute si la prescription courrait contre les mineurs et autres incapables. Mais on finit par reconnaître que non. C'est en effet un principe général consacré par l'art. 2252 du Code civil. A la vérité, le même Code fait courir contre eux les prescriptions courtes (*art. 2278 du même Code*); mais cette exception n'étant pas étendue à notre article, on doit s'en tenir à la règle générale portée par le premier de ces deux articles. La prescription ne commencera donc à courir que le jour où cessera l'incapacité.

Remarquez bien que notre article ne parle que de la prescription *de l'action en indemnité*. Si donc cette indemnité avait été réglée d'une manière quelconque, il y aurait titre régulier, obligation ordinaire, et le propriétaire n'aurait plus à craindre la déchéance prononcée par notre article. Ce serait le cas de la prescription trentenaire.

« Cette disposition nouvelle, dit le ministre dans sa circulaire du

voie de communication pourront faire leur soumission de s'en

« mois de juin 1836, est fondée en droit comme en équité. Lorsqu'un
« chemin est bordé des deux côtés par une propriété privée, et que ce
« chemin vient à être abandonné, on conçoit tout ce qu'il y a de fâcheux
« à ce qu'un tiers puisse l'acheter et venir s'établir ainsi au centre d'une
« propriété. Cet inconvénient cesse par le droit que donne la loi au pro-
« priétaire d'acquérir ce terrain d'après une valeur qui sera régiée
« par experts. — Si le chemin est bordé sur lesdeux rives par des
« propriétaires différents, ils devront s'entendre entre eux pour l'u-
« sage de cette faculté, soit que l'un d'eux l'exerce en totalité,
« soit que le terrain abandonné soit partagé entre eux. Vous com-
« prenez d'ailleurs, ajoute le ministre, qu'il ne s'agit dans cet article que
« des chemins qui n'auraient pas été déclarés vicinaux, ou dont la dé-
« claration de vicinalité aurait été *régulièrement* (*voyez ci-après*) rappor-
« tée, et dont la suppression définitive aurait été reconnue sans inconvé-
« nient pour les communications. Il va sans dire que la valeur de ces
« terrains doit être versée dans les caisses communales à titre de recettes
« accidentelles. »

Notre article est à peu près conforme à l'art. 60 de la loi du 3 mai
1841 ; seulement il ne dit pas, comme celui-ci, que l'indemnité ne peut
en aucun cas excéder la somme moyennant laquelle le terrain a été acquis.— Toutefois, la loi de 1841 formant le complément nécessaire de la
loi de 1836, nous pensons que l'art. 19 se trouve très-sainement inter-
prété par l'art. 60, et nous ne comprendrions pas qu'on fît payer pour
le rachat un prix supérieur à l'achat lui-même. (*Voy. notre commentaire
de l'art. 60.*)

Déclassement d'un chemin vicinal.— L'art. 19 parle bien des effets du
déclassement d'un chemin vicinal, mais il ne parle pas des formalités à
suivre pour opérer cette suppression de communication. Nous allons sup-
pléer au silence du législateur. Nous avons résumé toutes nos idées sur
ce point dans les règles suivantes.

PREMIÈRE RÈGLE. — Les chemins vicinaux peuvent être
déclassés ; ils peuvent être abandonnés ; leur direction peut
être changée. (*Arg. de l'art. 19 ci-dessus.*)

DEUXIÈME RÈGLE. — Le déclassement d'un chemin précédemment déclaré vicinal est dans les attributions des
préfets, agissant ainsi et de la manière qu'ils emploient pour
faire le classement. (*Art. 1 et 7 ci-dessus.*) Cette .egle, qui se
trouve formulée dans la circulaire ministérielle du 24 juin
1836, est généralement appliquée dans l'usage.

rendre acquéreurs, et d'en payer la valeur qui sera fixée par des

---

Il suit de là et des observations mises en note de l'art. 7 que le déclassement des chemins vicinaux se fait par arrêté préfectoral, qui est inattaquable au contentieux. (*Voy. l'arrêt du Conseil d'État du 12 avril* 1838.)

Le déclassement ne peut donc jamais avoir lieu qu'après que les communes intéressées ont été appelées à donner leur avis, et s'il n'y a pas unanimité d'opinions, il y a lieu de faire une enquête dans ces diverses communes. Ce n'est que sur le vu de ces enquêtes que le préfet peut prendre son arrêté. (*Voy. l'instruct. minist. du 24 juin* 1836.)

Le préfet, après avoir arrêté le déclassement du chemin, consulte les communes intéressées, pour savoir s'il y a lieu de le conserver comme chemin rural ou d'exploitation, ou encore s'il y a lieu de le supprimer complétement et de le mettre en vente, dans l'intérêt de la commune, ainsi et de la manière indiquée à l'art. 10 de la loi du 28 juillet 1824. (*Voy. l'instruct. minist. du 24 juin* 1836.)

TROISIÈME RÈGLE. — L'effet du déclassement est uniquement d'affranchir les communes intéressées des obligations où elles étaient de l'entretenir. (*Même circulaire.*) — Mais alors l'administration aura à s'occuper de la question de savoir s'il y a lieu de supprimer entièrement le chemin.

QUATRIÈME RÈGLE. — Après le déclassement d'un chemin, et après avoir consulté les communes sur la question de savoir s'il y a lieu ou non de le conserver comme chemin, le préfet peut, par un arrêté, ordonner la suppression du chemin. (*Arg. de l'art.* 10 *de la loi du* 28 *juillet* 1824, *conservé, en partie, par l'art.* 22 *de la loi de* 1836.)

On n'a pas été toujours d'accord sur le pouvoir qu'aurait un préfet de supprimer un chemin vicinal. M. *de Cormenin*, arguant d'un décret du 17 prairial an XIII, est notamment d'avis qu'une détermination aussi importante pour les communes ne peut être arrêtée que par un décret du pouvoir exécutif. (Voyez *Questions de droit,* t. I, p. 294.) — Mais cette opinion n'est pas suivie dans l'usage: on admet que le préfet, après s'être entouré de l'avis des communes intéressées, et, quand cela est nécessaire, de celui du Conseil général, a parfaitement le droit de supprimer un chemin jugé inutile, et dont l'entretien offre une charge hors de toute proportion avec les faibles avantages qu'en retirent les communes. Le Conseil d'État, saisi de la connaissance de cette question, n'a pas hésité à se prononcer dans le sens favorable à l'autorité préfectorale. (*Voy. arrêts du Conseil d'État des* 23 *avril* 1818, *Jacquin, et* 2 *janv.* 1838, *Grutter.*)

Le même Conseil a considéré le pouvoir des préfets sur ce point comme incontestable, et il a même jugé que leurs arrêtés de suppression d'un chemin vicinal n'étaient pas attaquables par la voie contentieuse. (*Voy. arrêt du 19 avril 1838, Paudy.*)

CINQUIÈME RÈGLE. — La suppression d'un chemin ne peut jamais avoir lieu au préjudice des servitudes de vues et de passages nécessaires aux propriétés riveraines.

Cette règle, qui ne repose sur aucune disposition spéciale aux chemins vicinaux, nous paraît justifiée par les principes du droit commun sur la suppression d'une route nationale. On lit en effet, dans l'art. 2 de la loi du 24 mai 1842 :

« Au cas où le classement en chemin vicinal (de la route abandonnée) « ne serait pas ordonné, les terrains délaissés seront remis à l'adminis- « tration des domaines, qui est autorisée à les aliéner. Néanmoins, il sera « réservé, s'il y a lieu, eu égard à la situation des propriétés riveraines « et par arrêté du préfet, en Conseil de préfecture, un chemin d'exploi- « tation dont la largeur ne pourra excéder cinq mètres. »

Remarquez qu'ici il s'agit d'une route qui n'est pas conservée comme chemin vicinal, et qui se trouve, par conséquent, réduite au même rang que les chemins ruraux. Eh bien ! dans ce cas, la loi réserve une voie de communication aux propriétaires riverains. Pourquoi en serait-il autrement dans le cas particulier qui nous occupe? Nous ne voyons pas le moindre doute à l'opinion que nous avons exprimée.

SIXIÈME RÈGLE. — L'administration conservant aux propriétaires riverains les passages, les vues et les égouts nécessaires, il n'est dû aucune indemnité pour la suppression d'un chemin vicinal. (V. *un arrêt du Conseil d'Etat du 1er juin 1849, Guignon*). — Cet arrêt juge dans le cas de suppression d'une vue, mais il y a même raison de décider pour le cas de suppression du chemin (V. *au surplus l'art. 3499 du Code administr.*)

SEPTIÈME RÈGLE. — S'il appartient aux préfets de prononcer sur l'existence, l'utilité et la suppression des chemins vicinaux, c'est aux tribunaux civils seuls qu'il appartient de prononcer sur la propriété de ces chemins, ainsi que sur la suppression des simples sentiers. (*Arrêt du Conseil d'Etat du 3 janvier 1813, commune de Nuissement.*)

HUITIÈME RÈGLE. — Si une commune et un particulier ont

un intérêt à changer l'emplacement d'un chemin, la Commune peut abandonner au propriétaire le chemin déjà existant, à la charge, par lui, de fournir le terrain nécessaire pour le chemin nouveau. — Le préfet déclasse alors l'ancien chemin dans la forme ordinaire, et il autorise l'échange après délibération du Conseil municipal et enquête. (*Art. 10 de la loi du 28 juillet 1824, conservé par l'art. 22 de la présente loi.*)

Remarquons que, dans cette hypothèse, la question de savoir si le particulier qui a fourni le nouveau chemin est tenu de laisser passer sur l'ancien chemin qui lui a été abandonné par voie d'échange, est une question de servitude dont la connaissance appartient aux tribunaux ordinaires. (*Arrêts du Conseil des 10 décembre 1817, Guérin, et 11 novembre 1830, Brunier.*)

Si toutefois la question devait se décider par voie d'interprétation d'un contrat administratif d'échange, il y aurait lieu de porter le débat devant le Conseil de préfecture. Les tribunaux civils sont en effet sans pouvoir pour interpréter un acte administratif. Il y a sur ce point une jurisprudence constante basée sur l'indépendance des pouvoirs. (*Nous avons traité cette question à fond dans notre* Répertoire des juridictions, *v° Interprétation.*)

NEUVIÈME RÈGLE. — L'arrêté par lequel un préfet autorise l'échange d'un chemin vicinal étant un acte de pure administration, on ne peut l'attaquer devant le Conseil d'Etat par la voie contentieuse. (*Arrêt du Conseil d'Etat, du 10 août 1828, commune de Savignieux.*)

Si donc un propriétaire croyait avoir à se plaindre des conditions auxquelles l'échange avait eu lieu, il devrait porter sa plainte devant le ministre de l'intérieur. (*Même arrêt du Conseil.*)

DIXIÈME RÈGLE. — Les préfets n'ont le droit d'aliéner le sol des chemins vicinaux que lorsque leur valeur n'excède pas 3,000 fr. (*Arg. de l'art. 10 de la loi du 28 juillet 1824, conservé par l'art. 22 de la loi de 1836*). — Dans ce cas, l'arrêté du préfet ne peut être pris qu'en Conseil de préfecture, après délibération des Conseils municipaux intéressés et après enquête *de commodo et incommodo*. (*Même article de loi.*)

Au reste, le ministre de l'intérieur a expliqué avec beaucoup d'exactitude aux préfets la marche à suivre en cette matière. Il leur a expliqué que, « par l'effet du déclassement, le sol du chemin devient une propriété

experts nommés dans la forme déterminée par l'art. 17 (2).

---

communale ordinaire, et la vente ne peut en être opérée que dans la forme adoptée pour cette sorte de biens. Si la valeur excède 3,000 fr. pour la commune dont le revenu est inférieur à 100,000 fr., ou 20,000 fr. si le revenu est supérieur à 100,000 fr., l'aliénation ne pourra avoir lieu que dans les formes déterminées par l'art. 46 de la loi du 18 juillet 1837, c'est-à-dire en vertu d'un décret du pouvoir exécutif. (*Voy. la circul. minist. du 26 mars* 1838.)

ONZIÈME RÈGLE. — Bien que les chemins vicinaux de grande communication soient placés sous l'autorité du préfet, ils n'en restent pas moins la propriété des communes. — Si donc il y a lieu à suppression d'un chemin, le prix de vente des terrains qui le composaient doit appartenir aux communes. (*Arg. de l'art.* 19.) — S'il y a plusieurs communes, chacune a droit à ce prix pour la portion comprise dans son territoire. — Il n'y a pas lieu pour les experts à se déterminer, soit par cette considération que le terrain serai de meilleure qualité dans une commune que dans l'autre, ni par ce motif qu'elles auraient plus ou moins concouru aux frais d'entretien du chemin. (*L'usage est ainsi généralement consacré en administration.*)

DOUZIÈME RÈGLE. *Enregistrement.* — (V. *la note de l'article suivant.*)

(2) Remarquez bien que ce n'est là qu'une faculté accordée par notre article aux propriétaires riverains. — Voici comment ils sont mis en demeure :

La commune annonce son intention de vendre le sol du chemin supprimé, en faisant publier un avis collectif, conformément à l'art. 6 de la loi du 3 mai 1841 (*applicable dans toutes les hypothèses non réglées par la loi de 1836*), c'est-à-dire à son de trompe ou de caisse dans la commune, avec affiche tant à la porte principale de l'église du lieu qu'à celle de la mairie. L'insertion dans un des journaux de l'arrondissement ne sera nécessaire que pour les terrains d'une étendue considérable. Cet avis indiquera le délai dans lequel les soumissions devront être faites, à peine de déchéance du privilége assuré par notre article aux riverains.

Empressons-nous de dire que la déchéance n'est opposable qu'autant que l'administration aurait vendu le terrain à d'autres. Il est d'usage, en

Art. 20. Les plans, procès-verbaux, certificats, significations, jugements, contrats (1), marchés, adjudications de travaux, quittances, et autres actes ayant pour objet exclusif la construction, l'entretien et les réparations des chemins vicinaux seront enregistrés moyennant le droit fixe de 1 franc (2).

---

effet, que tant que cette vente n'a pas eu lieu, le droit de faire la soumission existe pour les propriétaires riverains.

Nous avons dit que le privilége des propriétaires riverains constituait une simple faculté dont ils étaient les maîtres de ne pas user.— Il est également certain que la commune n'est pas obligée de vendre le chemin. Le droit conservé par l'art. 19 n'est exercé qu'autant que la commune se décide à vendre. (*Voy. la circul. minist. du 26 mars* 1838.)

La soumission faite par celui qui se propose d'acquérir doit être adressée au maire, et c'est avec lui que le débat a lieu pour fixer le prix de la vente. — La soumission une fois acceptée, il y a contrat, et toutes parties sont liées. Si la vente était arrêtée, et qu'il n'y eût dissentiment que sur le prix, les parties procéderaient par voie d'expertise, ainsi qu'il est dit à l'art. 19 ci-dessus.

Quid si des difficultés s'élèvent sur la soumission et qu'il y ait lieu d'en interpréter les conditions? Il est évident que ces difficultés rentrent dans les attributions du Conseil de préfecture. Il y a là contrat administratif que les tribunaux civils sont incompétents pour interpréter. (*Arrêt du Conseil du 20 avril* 1839, *Montsaulnier, et art.* 3796.*de notre* Code admin.)

(1) Il résulte de ce mot *contrats*, et d'ailleurs de l'exposé des motifs discutés à la Chambre des députés, que l'art. 20 ne reçoit son application que dans les contrats d'acquisition, c'est-à-dire dans les cessions de terrains amiablement consenties, et c'est ainsi que, dans l'usage, l'article a été entendu et expliqué. Des difficultés graves se sont donc élevées à raison de la conduite à tenir pour le cas où, faute de pouvoir s'entendre avec le propriétaire du terrain, les communes seraient dans l'obligation de faire procéder à l'expropriation prévue et réglée par l'art. 16. Mais le ministre de l'intérieur, consulté sur cette difficulté, a jugé que si, pour l'ouverture ou le redressement d'un chemin vicinal, il était nécessaire de recourir aux formalités de l'expropriation dont il vient d'être parlé, l'art. 58 de la loi du 3 mai 1841 était applicable. Dans ce cas, comme toujours, cette dernière loi devient le complément nécessaire de la loi du 21 mai 1836. Or, aux termes de l'art. 58, tout s'enregistre *gratis*, et il n'est dû aucun droit pour la transcription aux hypothèques. (*Voy. la circul. minist. du 2 décembre* 1848, *et* suprà, règle 3, *sur l'art.* 16.)

(2) Par la même raison, dans le cas de *cession amiable*, il faut recon-

Les actions civiles intentées par les communes, ou dirigées contre elles relativement à leurs chemins, seront jugées comme

---

naître que, conformément à l'art. 58, « les droits perçus sur les acquisi- « tions amiables faites antérieurement aux arrêtés du préfet seront resti- « tués lorsque, dans le délai de deux ans à partir de la perception, il sera • justifié que les immeubles acquis sont compris dans ces arrêtés, etc. » (*Voy., au surplus, les notes dont nous avons accompagné l'art. 58 dans notre* Commentaire de la loi sur l'expropriation pour cause d'utilité publique.)

La plupart des auteurs, notamment *Garnier* et *Dumay*, ont pensé que la loi du 3 mai 1841 avait abrogé l'art. 20, et que dès lors il fallait recon- naître que même les cessions amiables étaient exemptes de tous droits. Nous pensons que c'est une erreur. La loi de 1841 n'abroge nullement la loi de 1836. Nous avons vu, aux prolégomènes de la première de ces lois, que la seconde était maintenue ; et si la loi de 1841 agit sur les formalités à suivre en matière de chemins vicinaux, ce n'est et ce ne peut être que comme complément. L'art. 20 n'est donc nullement abrogé ; il n'est que complété par l'art. 58. (*Voy., au surplus, l'instr. du directeur général de l'enregistr., du 27 janvier* 1841.)

M. Dumay, dans son *Traité des chemins vicinaux*, t. Ier, p. 409, étend beaucoup trop loin, suivant nous, la modération portée par notre article des droits d'enregistrement : il pense que cette modération doit avoir lieu pour les testaments, traités et actes relatifs aux questions de pro- priété ou d'indemnité résultant de la privation d'issue ou de toute autre diminution de valeur.— Nous ne voyons rien dans la loi qui justifie une aussi grande exception. L'art. 20 ci-dessus, et l'art. 58 de la loi de 1841 ont chacun des limites qu'on ne saurait arbitrairement dépasser. Ils con- sacrent des priviléges : or, il est de la nature des priviléges de ne pouvoir sortir du cercle dans lequel ils ont été renfermés. (*Voy. notre commen- taire sur l'art. 58 de la loi de 1841 ; nous y développons aussi largement que possible l'application de ce privilége.*)

Rétrocession.— Il importe de faire observer que l'art. 20 n'est fait que pour l'hypothèse où il s'agit d'acheter un terrain pour ouvrir, redresser ou élargir un chemin. L'hypothèse de vente aux propriétaires riverains d'un chemin supprimé ne jouit pas de la faveur de cet article, mais ici revient l'art. 60 de la loi du 3 mai ; en le discutant, nous avons dit que si les immeubles acquis par l'administration pour l'exécution des travaux publics n'étaient pas employés, les propriétaires pouvaient en demander la remise ; que, même en ce cas, le droit d'enregistrement n'était pas dû sur la rétrocession. Nous n'hésitons pas à dire que dans l'hypothèse où des terrains achetés pour faire un nouveau chemin vici- nal ou pour redresser un chemin déjà existant n'étaient pas employés,

affaires sommaires et urgentes, conformément à l'article 405 du Code de procédure civile (3).

----

les riverains ont droit au double privilége consacré par l'art. 60 : le *premier*, le droit de reprendre ces terrains moyennant estimation dans la forme tracée par l'art. 19 ; le *second*, l'exemption des droits d'enregistrement. — C'est ici le cas, en effet, de considérer la loi de 1841 comme le complément de la loi de 1836. (*Voy. ledit art.* 19.)

(3) *Actions.* — L'article ne parle que de la procédure des actions relatives aux chemins vicinaux. Il y a cependant des observations importantes qui doivent trouver ici leur place.

L'exercice des actions relatives aux chemins vicinaux appartient aux maires ou aux préfets, suivant qu'il s'agit d'un chemin vicinal ordinaire ou d'un chemin vicinal de grande communication. Cette différence résulte, soit du droit commun qui investit les maires de l'exercice de toutes les actions communales, soit de l'art. 9 de notre loi, qui, plaçant les chemins vicinaux de grande communication sous l'autorité des préfets, porte nécessairement une exception aux principes ordinaires.

Le maire se fait autoriser d'abord par le Conseil municipal, et il demande ensuite l'autorisation pour la commune d'ester en jugement dans la forme ordinaire. Quant au préfet, il doit pas demander au Conseil de préfecture l'autorisation de plaider. (*Voy. cependant la circulaire minist. du* 18 *février* 1839.) — Mais pour la négative, *voy. l'ordonnance royale du* 9 *septembre* 1838, *et notamment l'art.* 2130 *de notre* Code administratif.

Indépendance des actions. — Les actions civiles, les actions répressives et les actions administratives étant indépendantes les unes des autres, il faut tenir pour certain que la décision qui statuera sur une d'elles ne portera pas préjudice aux autres, à moins que la loi ne l'ait expressément déclaré. (*Voy. l'art.* 3875 *de notre* Code administr.)

Des chemins non classés. — Notre article portant d'une manière générale : les actions civiles intentées par les communes ou dirigées contre elles, *relativement à leurs chemins*, sans ajouter l'expression caractéristique de *vicinaux*, on en a tiré la conséquence que la faveur portée par ses dispositions à raison des dépens s'étendait jusqu'aux chemins non classés. Nous voudrions qu'il en fût ainsi, car ce serait une grande économie pour les communes ; mais il est tellement certain que la loi de 1836 ne concerne que les chemins classés ; il est tellement avéré qu'aucune de ses dispositions n'a été faite pour les chemins qu'un défaut de classement a laissés au rang de propriétés ordinaires des communes, que

Art. 21. Dans l'année qui suivra la promulgation de la présente loi, chaque préfet fera, pour en assurer l'exécution, un règlement qui sera communiqué au Conseil général, et transmis avec ses observations au ministre de l'intérieur, pour être approuvé, s'il y a lieu (1).

nous ne concevons pas l'opinion ci-dessus. Nous disons, au contraire, que tous les articles qui précèdent l'art. 20 tendent à démontrer que celui-ci n'a aucune autorité et n'accorde aucune faveur aux chemins vicinaux non classés. (*Voy. les notes sur l'art.* 1er; *voy. ce que dit M. Dumay, t. Ier, p.* 411, *pour justifier l'opinion que nous combattons.*)

(1) L'importance de cet article nous oblige d'entrer dans plusieurs détails sans lesquels il serait impossible d'en comprendre le sens et d'en expliquer les dispositions.— Nous nous réduirons toutefois de manière à conserver la précision nécessaire au plan que nous avons adopté.

Il suffit de lire notre article et de le combiner avec les autres articles de la loi pour reconnaître qu'en matière de chemins vicinaux les particuliers ont à obéir à une quadruple législation. D'abord à *la loi;* en second lieu à *l'ordonnance réglementaire* du 24 juin 1836; en troisième lieu, aux *règlements préfectoraux;* enfin, aux *règlements municipaux.* L'autorité de la loi se justifie elle-même. Nous n'avons pas non plus à faire remarquer combien l'instruction réglementaire du 24 juin 1836 est liée par un inséparable rapport avec la loi dont elle développe, par des détails, les dispositions primitives. Nous n'avons donc à nous occuper que de l'autorité des arrêtés préfectoraux. Voici, à leur égard, les règles à suivre.

PREMIÈRE RÈGLE. — Les arrêtés préfectoraux portés sur le règlement dont il est question dans notre article étant le résultat d'une délégation du législateur, et étant dès lors une émanation incontestable de son pouvoir, il en résulte que ces règlements ont l'autorité de la loi, et que leur inobservation rend passible des peines portées par l'art. 471, n° 15 du Code pénal. (*Art.* 3847 *de notre Code administratif, et arrêt de cassation du* 20 *juillet* 1838).—Bien entendu, néanmoins, que le règlement ne s'écarte pas des termes auxquels le subordonne l'art. 21. (V. *Notre Répertoire des juri., v° Chemins vicinaux.*)

En conformité de cette règle, la Cour de cassation a jugé que celui qui, contrairement aux dispositions d'un arrêté préfectoral approuvé par le ministre de l'intérieur, avait fait, sans autorisation préalable, des réparations au mur de son parc longeant un chemin vicinal, devait être con-

Ce règlement fixera dans chaque département le *maximum*

---

damné à la peine portée par l'article ci-dessus. (*Arrêt de cass. du 4 septembre* 1846.)

DEUXIÈME RÈGLE. — L'indépendance du pouvoir administratif s'oppose absolument à ce que les tribunaux modifient en aucune manière, ou à ce qu'ils paralysent l'application des règlements préfectoraux pris en conformité de l'art. 21. (**V.** *le même arrêt et les art. 74 et suiv. de notre Code administr.*)

TROISIÈME RÈGLE. — Les règlements faits par les préfets, en exécution de l'art. 21, ne sont pas permanents au point qu'on ne puisse pas les changer. — Il nous semble au contraire que, destinés tous les ans à perfectionner, ils peuvent et doivent être modifiés. — C'est ainsi, du reste, que l'a pensé le ministre de l'intérieur dans une circulaire de 1837.

Il y a cela de remarquable dans cette circulaire, que le ministre adresse à chaque préfet un imprimé contenant les règlements préfectoraux des autres départements, afin que chacun d'eux soit à même d'améliorer celui qu'il a publié. Toutefois, le règlement est permanent, en ce sens que si on peut le changer, on n'y est pas obligé, et qu'il dure tant que le préfet ne le modifie pas.

QUATRIÈME RÈGLE. — Soit que le règlement soit renouvelé, soit que le préfet lui fasse subir de simples modifications, il n'a et ne peut avoir d'autorité qu'autant qu'il a été communiqué au Conseil général et approuvé par le ministre de l'intérieur. (*Arg. de notre article, et arrêt de la Cour de cassation du* 8 *août* 1840.)

Il n'y a d'exception à cette règle, 1° qu'autant que les nouvelles dispositions sont la conséquence des premières (*même arrêt*); 2° ou qu'il y a urgence. (*Arrêt de cass. du 15 décembre* 1838.)

CINQUIÈME RÈGLE. — Le pouvoir réglementaire délégué aux préfets doit se combiner avec celui que les lois de 1790 et 1791 attribuent aux autorités municipales. — Il en résulte ces distinctions admises aujourd'hui par la jurisprudence ; c'est que, 1° l'art. 21 a eu pour objet d'enlever aux maires le pouvoir qu'ils avaient antérieurement de prendre des arrêtés sur les matières énoncées dans l'art. 21. (*Arrêt de cass. du*

de la largeur des chemins vicinaux (2), et fixera, en outre, les délais nécessaires à l'exécution de chaque mesure (3), les époques auxquelles les prestations en nature devront être faites, le mode de leur emploi ou de leur conversion en

---

5 *août* 1837, *et les arrêts rapportés en note par les arrêtistes.*) 2° Qu'en tout ce qui n'est pas attribué aux préfets par l'article 21, le pouvoir des maires reste intact pour faire les règlements nécessaires à maintenir la viabilité des chemins vicinaux.

Ces règles générales ainsi fixées, nous allons suivre les dispositions de l'art. 21, et parcourir un à un les objets importants sur lesquels les règlements préfectoraux doivent porter. Ce sera l'objet des notes suivantes. Nous dirons un mot ensuite sur les règlements des maires, relativement aussi aux chemins.

(2) N'oublions pas qu'aux termes de l'art. 6 de la loi du 9 ventôse an XIII, l'administration avait le droit de fixer la largeur des chemins, suivant les localités, sans que cependant elle pût jamais la porter au delà de six mètres (*Arrêt du Conseil d'État du 6 décembre* 1836, *Lesage*); en observant toutefois qu'aux termes de cette même loi, l'administration ne peut apporter aucun changement dans la largeur des chemins vicinaux qui ont plus de six mètres. (*Voy. la circul. minist. du 24 juin* 1836.)

L'observation qui précède est d'autant plus importante, qu'il en résulte que, bien que la largeur des chemins vicinaux soit fixée à six mètres, les propriétaires riverains ne doivent pas moins la respecter en entier, à peine d'être poursuivis comme usurpateurs des chemins. (*Arrêt du Conseil d'État du* 13 *juillet* 1825, *et* suprà, *note de l'art.* 2.)

Cette décision acquiert une autorité incontestable, aujourd'hui que l'administration, contrairement à la loi du 9 ventôse, autorise les préfets à fixer une largeur excédant six mètres.

(3) Ce délai expiré, l'administration préfectorale est en droit de faire mettre des ouvriers aux frais des propriétaires riverains, pour donner aux chemins la largeur déterminée par le règlement. Bien que les préfets puissent agir ainsi sans qu'on puisse les accuser d'excès de pouvoir, nous leur conseillons de mettre en demeure les propriétaires, en leur rappelant les termes du règlement et en leur faisant connaître d'avance la détermination de faire faire les travaux à leurs frais. — Mais le préfet peut-il citer devant les tribunaux administratifs, pour cause d'usurpation, les propriétaires qui auront négligé d'arracher les arbres et de détruire les constructions ? Nous avons déjà dit que non page 33, en note de l'art. 7, de la présente loi.

tâches (4), et statuera en même temps sur tout ce qui est relatif à la confection des rôles, à la comptabilité (5), aux adjudications et à leurs formes (6), aux alignements (7),

---

(4) Voyez les explications données aux préfets par le ministre de l'intérieur dans sa circulaire du 24 juin.

(5) Voyez la même circulaire. Le ministre y règle d'une manière générale la comptabilité des dépenses, soit pour les chemins vicinaux ordinaires, soit pour les chemins vicinaux de grande communication. Ces détails ont peu d'importance pour le commun des lecteurs. Ils sont peu essentiels aussi pour l'administration, qui reçoit tous les ans les instructions les plus minutieuses pour régler cette comptabilité.

(6) Il est de principe, à cet égard, que les travaux d'ouverture ou de redressement des chemins vicinaux doivent toujours (et à moins d'impossibilité) être mis en adjudication publique. (*Voy. la circulaire du 24 juin et l'art.* 3916 *de notre* Code administratif.) Par ce moyen, l'administration ouvre la concurrence, et elle se dégage de la responsabilité qui pèse toujours sur elle à raison des travaux publics amiablement concédés. (*Voy. aussi l'art.* 4052 *du même Code.*)

Le ministre conseille beaucoup aux préfets, dans la même circulaire, de mettre en adjudication tous les travaux excédant 300 fr.

Pour des travaux de moindre importance, les préfets peuvent et doivent généralement les faire exécuter par voie de régie. On conçoit que, pour ces travaux, les frais de publication doubleraient souvent les dépenses, et que d'ailleurs on trouve rarement des adjudicataires qui veuillent les entreprendre.

(7) *Alignement.* — Le droit donné à l'autorité de régler les alignements, l'obligation imposée aux riverains de demander l'alignement avant de commencer leurs constructions, ne sont fondés que sur la nécessité de surveiller la conservation du sol qui a été *légalement* affecté à la voie publique. Il en résulte, dit le ministre dans sa circulaire du 24 juin 1836, que lorsque la largeur a été légalement fixée, chaque propriétaire a droit de construire sur l'extrême limite de sa propriété. — Seulement il doit demander l'autorisation, afin que l'autorité puisse faire reconnaître cette limite et la faire tracer. (Faute par lui de demander cette autorisation, il est en contravention, bien qu'il n'ait pas usurpé sur la largeur. La jurisprudence sur ce point est générale.) Mais l'autorité ne pourrait lui prescrire de faire reculer sa construction au delà de la largeur légale du chemin. — Il n'a d'autre tort, en effet, que de ne pas avoir demandé l'alignement.

Avancement. — Le ministre ajoute qu'il y aurait exception, bien enaux autorisations de construire le long des chemins (8),

tendu, si, en dehors de la largeur légale du chemin, le terrain appartenait à la commune. Dans ce cas, le propriétaire ne pourrait obtenir per-
mission de bâtir le long de la limite légale qu'en devenant, dans les
formes voulues, acquéreur de cette portion du sol. (*Voy. art.* 3360 *et suiv.
de notre* Code administratif.)

Reculement.— De même, si, pour rendre au sol sa largeur légale, un
propriétaire était tenu de reculer, il aurait droit d'exiger une indemnité
pour la valeur du terrain qu'il céderait au chemin. (*Voy. ledit art.* 3360.)

Qui doit donner l'autorisation? — Pour les chemins vicinaux, dit le ministre aux préfets, dans la même circulaire, vous pouvez laisser aux
maires le droit de donner des alignements, sous la réserve de l'approbation du sous-préfet qui examinera si la largeur légale du chemin a été
respectée.

Pour les chemins de grande communication, qui sont placés sous votre
autorité immédiate, dit-il aux préfets, vous ferez bien de donner vous-
mêmes les alignements sur la proposition des maires, le rapport de l'a-
gent voyer et la proposition du sous-préfet. (*La jurisprudence du Conseil
d'État est constante pour n'avoir aucun égard aux alignements donnés par
les maires. Voy. notamment l'arrêt du Conseil du* 28 *décembre* 1849.)

Il résulte de ce qui a été dit à la note (1) de l'art. 9, que les maires conservant le droit de donner les alignements dans les bourgs et villages,
les traverses de ces bourgs ne sont jamais considérées comme chemins
vicinaux. (*Circul. du* 24 *mai* 1836.)

Travaux à interdire.— Ce sont en général les travaux de constructions
nouvelles ou *les travaux confortatifs.* Nous n'avons pas à nous étendre ici
sur ce qu'on entend par ces travaux, puisque c'est la même signification
et la même jurisprudence qu'en matière de grande voirie. (*Voy. art.* 3377
du Code administratif *et les notes que nous y avons insérées.*)

Nous nous bornerons à rappeler à nos lecteurs cette observation importante que nous avons indiquée dans notre règle et que nous avons prise dans
une circulaire ministérielle : que généralement on ne répute pas comme
travaux confortatifs ceux qui ont lieu au-dessus du rez-de-chaussée. Ces
travaux, dit-on, ont plus souvent pour effet d'accélérer la ruine de l'édifice que de le consolider. Cette observation est juste, mais ne nous paraît
pas absolue ; il nous semble que, très-souvent, dégager l'édifice dans la
partie supérieure, c'est prolonger la durée de la partie du rez-de-chaussée. — L'opinion du ministre forme donc une règle, mais qui n'est pas
sans exception. Les circonstances en décident.

Contravention. — Elle est portée devant le tribunal de simple police.
(*Voy.* suprà, *note* (1) *de l'art.* 10, *et* infrà, p. 77.)

(8) Voy. la note précédente.

à l'écoulement des eaux (9), aux plantations, à l'élagage (10),

(9) *Écoulement des eaux.* (*Voy. ci-après, note* (11) *sur les fossés.*)

(10) *Plantations, Élagages.* — En cette matière encore nous n'avons pas de meilleur commentaire que la circulaire du 24 juin 1836. Le ministre, s'adressant aux préfets, leur fait connaître les difficultés de la matière et les moyens de les vaincre.

« Les plantations, dit-il, soit d'arbres, soit de haies vives, qui se font le long des chemins vicinaux, sont une des matières que vous trouverez le plus de difficultés à réglementer d'une manière précise, parce qu'il importe de concilier les intérêts des propriétaires riverains avec les intérêts de la viabilité.

« Quant aux *haies*, notamment, il est certain qu'un propriétaire riverain d'un chemin vicinal a un intérêt réel à clore sa propriété, pour la défendre des dégradations qu'y peuvent commettre les voyageurs. Quant *aux arbres*, il est des départements où certains arbres fruitiers sont d'un produit assez important pour que les propriétaires attachent un grand prix à en planter le long du chemin.

« Il est incontestable, d'un autre côté, que les haies, ainsi que les arbres dont la tige n'est pas très-élevée et ne peut être dégagée de branches, sont des causes de dégradation constante pour les chemins qu'ils bordent, surtout lorsque ces voies de communication sont étroites, etc. — L'administration sentait depuis longtemps la nécessité d'atténuer au moins ces obstacles au bon état des chemins vicinaux, et l'application des art. 670 à 673 du Code civil avait paru suffisante pour y porter remède ; mais les tribunaux, auxquels il fallut recourir, ne crurent pas que ces articles du Code fussent applicables à l'espèce.

« La loi de 1836 lève ces difficultés, et l'art. 21 vous donne le droit, monsieur le préfet, *de régler la distance à laquelle les propriétaires riverains des chemins vicinaux pourront planter sur les bords des chemins vicinaux, soit des arbres, soit des haies vives.* En réglant ces distances, je vous engage à vous renfermer dans les limites posées par le Code civil, pour les plantations entre propriétés voisines. Elles paraissent suffisantes pour faire disparaître une grande partie des inconvénients des plantations sur les bords des chemins. »

Telles sont les matières générales sur lesquelles doit porter, en cette matière, le règlement dont la confection et la publication sont confiées aux préfets. — C'est à ces idées générales, c'est surtout au besoin de concilier les intérêts de la circulation et ceux des propriétaires riverains, que ceux-ci doivent emprunter les développements et règlements de détail qui doivent remplir leurs arrêtés. Nous n'avons pas d'autres conseils à leur donner, et nous nous empressons d'arriver à quelques explications qui nous ont paru nécessaires pour la plus grande intelligence de notre article.

Élagage. — L'art. 21 donne sans contredit aux préfets le pouvoir d'ordonner l'élagage des arbres ou la tonte des haies, et cela aux époques qu'il jugera les plus convenables, eu égard aux localités, à la température, à la nature du sol. (*Voy. arrêt de cass. du 22 juillet 1837, et art. 3377 de notre Code administr.*) Les maires sont chargés de l'exécution de cette mesure. (*Circul. du 24 juin.*)

Servitude affirmative. — Les préfets n'ont pas le droit d'obliger les propriétaires riverains à faire des plantations le long des chemins vicinaux. Nous avons dit, à la note (7), que l'autorité avait surtout le droit de maintenir la largeur et la viabilité des chemins. Or, ce pouvoir n'a aucun rapport avec l'obligation de planter. C'est là un droit exorbitant qui ne peut s'improviser. (*Voy., à cet égard, la circul. minist. du 24 juin.*)

Propriété des arbres. — Généralement, les arbres plantés sur le sol des chemins vicinaux sont présumés appartenir aux communes, tout comme les arbres plantés sur les champs riverains sont présumés appartenir aux propriétaires de ces champs. (*Art. 553 C. civ.*) Mais comme il n'y a là qu'une présomption susceptible de céder à des preuves contraires, il faut reconnaître que, s'agissant d'une question de propriété, les tribunaux civils ont seuls qualité pour juger ces questions. (*Voy. arrêt du Conseil d'État du 15 septembre 1831, de Marolle.*)

Prohibition réglementaire. — Nous avons pris connaissance de diverses circulaires ministérielles relatives à la partie du règlement qui touche aux plantations, et voici ce que nous y avons rencontré, et que d'ailleurs l'on retrouve dans les règlements préfectoraux dressés en vertu de l'article 21.

1° Défense à tout propriétaire de faire aucune plantation *sur* les chemins vicinaux, mais respect pour les anciennes plantations; ainsi le veut le principe de la non-rétroactivité. (*Circul. minist. du 24 juin.*)

2° Défense aux propriétaires riverains desdits chemins vicinaux de planter arbres ou haies sur sa propriété joignant ces chemins, sans avoir demandé et obtenu l'alignement.

3° Ordre d'élaguer les arbres et les haies aux époques les plus convenables. (*Voy. ci-dessus.*)

4° Ordre d'abattre les arbres qui, bien que se trouvant sur une propriété particulière, *obstruent* la voie publique. (*Cass. 22 juillet 1837.*) S'ils n'obstruaient pas, le préfet ne pourrait qu'en ordonner l'élagage. Exiger plus que le nécessaire ne rentre nullement dans les pouvoirs donnés aux préfets par les dispositions de l'art. 21.

Contraventions. — Les contraventions aux règlements des préfets sont de deux sortes. La plantation sur le sol du chemin est justiciable des Conseils de préfecture, comme caractérisant une usurpation. — Au contraire, la plantation sans autorisation, la négligence de l'élagage, sont

aux fossés, à leur usage (11), et à tous autres détails de

des contraventions de simple police justiciables des tribunaux de police, suivant ce qui a été dit *suprà*, art. 10, note (1), et *infrà*.

Prescription. — L'art. 640 du Code d'instruction criminelle, qui soumet à une année la prescription des contraventions de police, a abrogé la loi du 28 septembre 1791, qui faisait prescrire par six mois l'inobservation des règlements sur l'élagage. (*Voy. arrêt de cass. du 15 mars 1844, et les notes de divers arrêtistes.*)

(11) *Fossés.* — *Curage.* — *Ecoulement des eaux.* — Voici l'explication intéressante que nous trouvons de cette partie de la disposition, dans la circulaire ministérielle du 24 juin 1836 :

« L'établissement de fossés le long des chemins vicinaux est presque partout une condition inséparable de tout système d'entretien de ces chemins. Faute de fossés, les eaux séjournent sans écoulement, le sol se détrempe de plus en plus ; l'empierrement, s'il a été fait, disparaît, et toutes les dépenses faites le sont en pure perte ; l'administration avait pourtant été entravée jusqu'à présent pour ordonner l'établissement des fossés ; le système complet de la législation antérieure sur les chemins vicinaux ne permettait que de recourir à l'art. 666 du Code civil, que les tribunaux, ainsi qu'il a été dit plus haut, se refusaient à appliquer.

La loi du 21 mai 1836 a comblé une lacune dont le service des chemins vicinaux avait trop à souffrir. En attribuant aux préfets le droit de donner aux chemins vicinaux toute la largeur qui leur est nécessaire, la loi leur a évidemment permis de comprendre, dans les limites de ces voies de communication, les terrains nécessaires pour les fossés, partout où il sera nécessaire d'en creuser. *Ce n'est donc pas seulement comme annexes, c'est comme parties intégrantes des chemins que les fossés doivent être considérés. Ils font partie du sol, et les anticipations qui tendraient à les rétrécir, à les faire disparaître, doivent être poursuivies de la même manière que les usurpations du sol même du chemin.*

« De ces principes, il suit la conséquence rigoureuse que le premier établissement et le curage des fossés sont des dépenses auxquelles il doit être pourvu par les mêmes moyens que pour l'entretien et la réparation des chemins. Il ne serait pas loyal de mettre à la charge des propriétaires riverains le curage des fossés (*la jurisprudence est générale sur ce point, et l'administration se conforme à la circulaire ministérielle*). C'est ce qui se pratiquait autrefois pour les fossés le long des routes royales ; mais il a fallu adopter un autre système, et on ne pourrait imposer aux riverains des chemins vicinaux des obligations plus grandes qu'aux riverains des grandes routes. Il n'y aurait d'exception à cet égard que si un propriétaire riverain voulait profiter, comme engrais, du limon qui se dépose dans le fossé ; il ne devra lui être permis de l'enlever qu'à la charge de curer à fond et d'entretenir le fossé dans sa profondeur et sa largeur ; mais ici, comme vous le voyez, ajoutait le ministre, il ne s'agit plus d'une obligation à imposer, il ne s'agit que d'une faculté à accorder et d'un arrangement à l'amiable.

Attributions.— Notre article apporte un grand changement à la législation antérieure ; c'était l'administration municipale qui faisait tous les arrêtés nécessaires à la surveillance et à la conservation des chemins ; c'était elle qui réglementait la largeur et la profondeur des fossés, le curage, etc. ; mais aujourd'hui ce sont les préfets qui, sous l'approbation du ministre, en sont exclusivement chargés. (*Arrêt de cassation du 5 août 1837 et la note des arrêtistes.*) Tout arrêté municipal pris en cette matière serait donc radicalement nul et ne serait pas obligatoire. (*Même arrêt.*)

Rappelons-nous toutefois ce qui a été dit à la note première, que les maires n'étaient point complétement déshérités par l'art. 21. Ils ne perdent que ce que cet article donne aux préfets. Or, si ces derniers ont une autorité assez générale sur les chemins de grande communication, il est certain que les maires conservent le droit de prendre des arrêtés pour tout ce qui tient à l'exercice des droits qui leur sont accordés comme conséquence de leurs devoirs, par les lois de 1790 et 1791, et par la loi du 18 juillet 1837, art. 11. Dans le doute, il est plus prudent de reconnaître la compétence des préfets ; mais ce qui tend à caractériser les attributions réciproques, c'est que les pouvoirs des préfets tiennent en quelque sorte *de la loi,* tandis que ceux des maires ne sont que des pouvoirs de simple police et de surveillance, ils tiennent surtout à la sécurité du passage et à la salubrité. Le préfet règle ce qui de sa nature est permanent, les maires règlent ce qui est de circonstance et plus ou moins accidentel.

Terres provenant des fossés. — Aucune disposition législative n'oblige les propriétaires riverains de recevoir les terres provenant du curage des fossés. Les anciens arrêts du Conseil étaient uniquement applicables au curage des routes ; et ce serait en vain qu'on voudrait étendre ces dispositions aux chemins vicinaux ; les agents de l'administration doivent donc observer de ne pas dépasser les francs bords.

Ecoulement des eaux. — Les préfets peuvent prendre tous les arrêtés propres à maintenir le libre écoulement des eaux ; outre les mesures générales, comprises dans le règlement pris en vertu de l'art. 21, ils peuvent et doivent prendre tous les arrêtés partiels que les circonstances pourront exiger ; ils pourront ordonner tous les travaux nécessaires et les mettre à la charge, soit des communes, soit des particuliers, qui seuls occasionneraient la submersion des routes. Il y a même cela de remarquable, que les arrêtés pris en pareil cas par les préfets ne peuvent être attaqués devant le Conseil d'Etat qu'après avoir été administrativement critiqués devant le ministre.

surveillance et de conservation (12).

Droits réciproques. — Les riverains sont dans l'obligation de recevoir les eaux provenant naturellement des chemins vicinaux. (*Voyez notre Code administratif, art.* 3847.) Réciproquement, ils ont le droit de laisser couler sur le chemin ou dans les fossés qui les bordent les eaux pluviales qui tombent sur leur propriété, et qui s'écoulent naturellement sur le chemin. (*Même article.*)

Ces droits étant la conséquence de l'art. 640 du Code civil, le préfet peut les réglementer, mais il ne peut les supprimer par son règlement publié en exécution de l'art. 21.

(12) *Et autres détails de leur conservation.* — Ces dernières expressions généralisent les pouvoirs des préfets. Rien n'échappe à l'autorité réglementaire dont ils sont revêtus par l'art. 21; bien entendu toutefois qu'ils ne peuvent jamais dépasser leurs pouvoirs, et imposer aux citoyens une charge trop onéreuse, et qui, par sa nature, sortirait des attributions de l'administration active.

Observations générales. — *Compétence.* — Il n'appartient qu'aux tribunaux de simple police de réprimer les contraventions aux arrêtés des préfets, pris en vertu de l'art. 21. (*Voyez les règles de compétence déterminées par le ministre de l'intérieur, en note de l'art.* 10 *ci-dessus, et arrêt de cassation du* 20 *juillet* 1838.) Mais remarquez que si le fait incriminé comme contraire aux règlements des préfets constituait, non une simple dégradation de chemin ou une simple inobservation ou violation de ce règlement, mais une *usurpation* ou empiétement sur le chemin vicinal, le contrevenant devrait être traduit devant le Conseil de préfecture, qui ferait cesser l'usurpation (*Voyez lesdites notes sur l'art.* 10), et, plus tard, devant le tribunal de police, pour l'application de la peine. Il semble assez extraordinaire qu'un même fait puisse être attribué à deux juridictions, mais on doit observer que le tribunal de police, auquel on soumet la décision du Conseil de préfecture, n'a pas à juger le fond, et n'a qu'à appliquer la peine portée par les art. 479, etc., etc., du Code d'instruction criminelle. (*Voyez au reste, pour la double juridiction, un arrêt du Conseil d'Etat du* 7 *janvier* 1842. *Palenotte.*) Voyez aussi la note précédente, v° *Plantations.*

Constatation des contraventions. — Toutes contraventions et délits à l'occasion des chemins vicinaux peuvent être constatés : 1° par tous les fonctionnaires et agents ayant qualité d'officier de police judiciaire; 2° par les agents voyers. (*V. l'art.* 11 *de la présente loi, Procès-verbaux. V. les notes sur ledit article* 11, *pag.* 36.)

Actions. — Généralement, toutes les actions civiles relatives *aux chemins vicinaux ordinaires* doivent être exercées par le maire de la commune intéressée, qui observe de se faire autoriser, conformément à la

Art. 22. Toutes les dispositions des lois antérieures demeurent abrogées en ce qu'elles auraient de contraire à la présente loi (1).

---

loi du 18 juillet 1837. — Quant aux actions qui intéressent les chemins vicinaux de grande communication, elles sont exercées par les préfets.

En matière criminelle, il faut suivre la même distinction pour la répression des faits d'usurpation, ces faits, nous l'avons déjà dit, étant dans les attributions des Conseils de préfecture; la répression, disons-nous, se poursuit au nom du maire, ou au nom du préfet, suivant qu'il s'agit des chemins vicinaux ordinaires ou des chemins de grande communication. Quant à la répression des faits qui rentrent dans les attributions des tribunaux de police, elle est dénoncée par l'administration au ministère public, qui saisit le tribunal, requiert la peine et fait exécuter le jugement qui la prononce.

Prescription. — Nous avons dit, en note de l'art. 10, règle 9, que le fait constitutif d'une contravention en matière de chemins vicinaux et l'action en résultant se prescrivaient par le délai d'une année, aux termes de l'art. 640 du Code d'instruction criminelle. Mais, du moment que la condamnation est prononcée, la peine ne se prescrit que par deux ans, aux termes de l'art. 639. — Il en est autrement de *l'action* résultant du fait de l'usurpation, et qui se rapporte à faire cesser cette usurpation. (*Voy. les notes de l'art. 10, règle 9.*)

(1) Cet article offre un nouvel exemple de la facilité avec laquelle le législateur se sort d'embarras en laissant aux plaideurs, aux avocats et aux juges toutes les difficultés. *Cherchez, et vous trouverez*, telle est la consolation que cet article laisse aux hommes consciencieux, qui voudraient trouver dans la loi un guide sûr pour le client qui s'adresse à eux. — Voici, dans la position qui nous est faite, ce que nous pouvons faire pour aider nos lecteurs. La loi du 21 mai 1836 est la loi qui doit seule être observée pour tout ce qu'elle prévoit en matière de *chemins vicinaux reconnus.* Les lois antérieures ne sauraient modifier ses dispositions, encore moins les lois postérieures; quelle que soit leur généralité, elles ne portent pas atteinte à ces mêmes dispositions. C'est ce qui a été nommément reconnu lors de la discussion de la loi du 3 mai 1841. (*Voy. nos prolégomènes sur cette loi.*)

La loi du 9 ventôse an XIII sur les usurpations des chemins est maintenue dans celles de ses dispositions qui ne sont pas contraires à celles de la loi de 1836.

Il en est de même de la loi du 28 juillet 1824. Cette loi avait pour objet de régler la matière des chemins vicinaux, mais son imperfection a nécessité la loi de 1836. — Et cependant, à raison du dernier article, la loi

SECTION UNIQUE.

DES CHEMINS RURAUX.

1. Outre les chemins vicinaux dont il est question dans la loi que nous venons de commenter et dans celle du 9 ventôse an XIII, il se trouve dans toutes les communes un certain nombre de voies de communication de moindre importance, qui cependant ne pourraient être supprimées sans inconvénients, soit parce qu'elles donnent accès à une fontaine publique, à un abreuvoir, à un pâturage communal, soit parce qu'elles sont nécessaires à l'exploitation de différents cantons de terres arables. Ces voies de communication, que le langage administratif désigne sous la dénomination générale de *chemins ruraux*, sont réellement des *chemins publics*, car elles servent et peuvent servir à l'usage de tous, et souvent elles ne sont réclamées par personne à titre de propriété privée. (*Circul. minist. du 13 déc. 1839.*)

2. Ces chemins ont ce caractère particulier qu'ils ont beaucoup de rapports avec les chemins vicinaux classés, ainsi que nous le verrons dans les numéros qui suivent, et que cependant

---

de 1824 doit être exécutée dans toutes ses dispositions qui ne sont pas formellement abrogées par l'autre, ou incompatibles avec ses nouveaux articles.

Enfin, la loi de 1836 n'ayant pour objet que de réglementer tout ce qui tient aux chemins vicinaux, on n'y retrouve pas les dispositions de la loi du 18 juillet 1837 sur les attributions municipales; or, les attributions sont souvent indiquées dans la marche des actions et délibérations qui intéressent les chemins vicinaux. On doit donc recourir aussi à cette loi toutes les fois qu'on aura besoin de le faire, et que la loi de 1836 ne s'y opposera pas. Il faut en dire autant des dispositions de la loi du 10 mai 1838 sur les attributions des Conseils généraux. Cette loi aussi se combine souvent avec la loi de 1836.

En un mot, la loi de 1836, pour toutes les choses qu'elle prévoit et règle, est la seule à suivre; mais elle se complète par toutes les autres lois qui renferment des dispositions auxquelles on peut avoir besoin de recourir pour mettre en action quelqu'une de ses dispositions.

la loi du 21 mai 1836 ne leur est pas applicable. (*Voy. notam. l'arr. de cass. du 8 mars 1844.*)

3. *Reconnaissance et classement.* — Les maires, aux termes de la loi des 16-24 août 1790, tit. II, art. 8, ont dû dresser un tableau de tous les chemins publics autres que les routes nationales et départementales et les chemins vicinaux. — Cet état examiné par les Conseils municipaux a dû être transmis aux préfets qui doivent les déclarer *chemins publics ruraux*. (*Arrêté du Direct. du 25 messidor an V, art. 3 et 4. Circul. du 16 nov. 1839.*)

Réclamations. A l'égard des réclamations que les particuliers peuvent avoir intérêt à former, voici la règle à suivre : Si parmi les réclamations qui auront été présentées il en est qui aient pour objet la propriété du sol des chemins, et que ces prétentions n'aient pas été admises par le Conseil municipal, le préfet doit renvoyer les parties devant les tribunaux civils, et ce ne sera qu'après le jugement du litige, si la commune triomphe, que le chemin pourra être définitivement maintenu dans la catégorie des chemins ruraux. (*Circ. dudit jour 16 nov. 1839.*) C'est là une notable différence avec la manière de procéder relativement aux chemins vicinaux pour le classement de ceux-ci ; en effet, on n'a pas à s'arrêter devant l'exception de propriété, puisqu'aux termes de l'art. 15 de la loi du 21 mai 1836, l'arrêté préfectoral transfère la propriété du sol à la commune, sauf indemnité. Mais la loi précitée n'étant applicable qu'aux chemins vicinaux, les contestations sur la propriété des chemins ruraux doivent être vidées avant que le préfet puisse donner à ces chemins le caractère de *chemins publics.* (*Même circul. de 1839 et arr. de cass. du 23 juillet 1839*).

Il suit de là que l'arrêté préfectoral ne fait pas obstacle à une action en revendication des terrains ; ayant pour unique objet de déclarer la publicité, il ne nuit en rien au droit de propriété.

5. Ce tableau est complétement indépendant de celui dont il est parlé dans la loi du 21 mai 1836.

6. *Propriété, possession.* — Le préfet, avons-nous dit, ne

peut déclarer chemins publics les chemins ruraux, qu'après
que les tribunaux ont décidé, sur la réclamation des parties
intéressées, si le sol appartient à la commune. Nous devons
faire observer, dès lors, que l'existence en fait des chemins ne
préjuge pas en faveur de la commune le droit de propriété.
Il y a toujours un titre à apprécier ; aussi est-il de principe
que la possession, même immémoriale, n'est pas toujours une
preuve de la propriété du chemin en faveur de la commune,
et tant que celle-ci n'a pas un titre écrit ou une prescription
constatée, les intéressés peuvent se prévaloir de leur droit
de propriété. Toutefois, il faut reconnaître que l'inscription
sur le tableau des chemins publics, sans réclamations, et la
possession annale donneraient à la commune *le possessoire.*
(*Arr. de cass. du* 2 *déc.* 1844.) Comme aussi, s'il y a prescription basée sur une possession utile, elle remplacera le titre.
(*Arr. de cass. du* 14 *déc.* 1842.)

7. Dès que les réclamations ont été jugées, dès que la commune a gagné son procès, et que le préfet a déclaré chemin
public le chemin, celui-ci est dans le domaine public municipal ; d'où plusieurs conséquences qu'il importe de déduire
dès que nous aurons constaté quelques points de jurisprudence
préliminaires.

8. Premièrement. — *Largeur.*— Le préfet, en déclarant
un *chemin rural* chemin public, ne fait que consacrer un fait
existant ; seulement il attribue ce chemin au domaine public
municipal, mais il n'en change pas la largeur ; c'est là une
grande différence de son droit et de son devoir dans l'art. 15
de la loi. Aussi est-il certain que si les propriétaires riverains
et la commune ne sont pas d'accord sur la largeur du chemin
rural, ils sont obligés de le faire régler par les tribunaux ordinaires (*voy. les notes des arrêtistes sous un arr. de cass. du*
10 *août* 1840, *qui a consacré le principe que nous venons d'é-
noncer*), à moins que, d'accord avec la commune, ils ne traitent
de la largeur.

9. Secondement. — Bien que le préfet ne puisse déclarer chemin public un chemin rural qu'autant que le tribunal

civil a statué sur la question de propriété soulevée par un tiers, il n'en résulte pas que si personne ne réclame et que le préfet fasse son tableau, il y ait déchéance du droit de propriété. Cela est si vrai, qu'ainsi que nous le verrons bientôt, tout individu poursuivi pour une contravention au sujet d'un chemin de ce genre peut soulever la question préjudicielle de propriété. (*Voy. d'ailleurs le n° 4 précédent, in fine.*)

10. TROISIÈMEMENT. — Bien que ce soit le préfet qui déclare la publicité des chemins, il n'a pas sur ces chemins l'autorité qu'il a sur les chemins vicinaux de grande communication. Il est au contraire certain que le maire est le représentant légal de la commune, soit pour faire maintenir la libre circulation sur le chemin, soit pour actionner ou pour défendre dans l'intérêt de la commune. (*Art.* 8, *titre* II *de la loi des* 16-24 *août* 1790. *Voy. ci-après conséquence* 3e.)

11. Ces premières idées ainsi analysées, venons aux conséquences de la déclaration de chemins publics faite à l'égard de ces chemins par le préfet.

PREMIÈRE CONSÉQUENCE. — *Imprescriptibilité.* — Le chemin rural une fois classé, passant dans le domaine public municipal, est imprescriptible. Ce n'est pas en vertu de la loi de 1836, qui n'est pas applicable à ces chemins, mais en vertu de l'art. 2226 du Code civ., qui n'admet pas de possession privée des *chemins publics.* (*Voy. la circul. ci-dessus, et Troplong, des Prescript., n°* 157 *et* 158.) Au reste, il est établi que la loi de 1836, en déclarant l'imprescriptibilité des chemins vicinaux, n'a pas introduit un droit nouveau.

12. DEUXIÈME CONSÉQUENCE. — *Entretien.* Les chemins publics doivent être entretenus par les communes ; seulement ils ne peuvent pas l'être avec les fonds et les prestations réservés pour les chemins vicinaux ordinaires. (*Voy. l'art.* 2 *de la loi du* 21 *mai* 1836, *et notamment nos observations à la note de la page* 12.) Dans aucun cas l'autorité ne peut faire supporter les frais de cet entretien aux habitants de la commune.

13. TROISIÈME CONSÉQUENCE. — *Autorité, surveillance, règlements.* — Les maires ont le droit, et c'est leur devoir de

prescrire toutes mesures nécessaires pour assurer la commodité du passage sur les voies publiques et par conséquent sur les chemins ruraux. (*Art.* 8, *titre* 11 *de la loi des* 16-24 *août* 1790, *et encore la circul. du* 16 *nov.* 1839.) A cet égard, et pour tout ce qui touche aux objets confiés à leur surveillance et à leur autorité, ils peuvent et doivent faire les règlements nécessaires. (*Art.* 41 *de la loi du* 18 *juillet* 1837.) Si toutefois ces arrêtés avaient un caractère permanent, ils devraient être soumis aux préfets qui, aux termes de la loi du 18 juillet 1837, art. 41, ont le droit d'en suspendre l'exécution et même de les annuler.

14. Quatrième conséquence. — *Alignement.* — Les parties intéressées qui ont besoin de construire ou de planter le long d'un chemin rural reconnu, ont besoin de demander au maire l'alignement de la voie publique. Toute construction avec empiétement serait démolie, et, n'empiétât-elle pas sur la voie publique, elle entraînerait la condamnation du contrevenant aux peines de simple police. (*Voy. ci-après* Des contrav., *et arr. de cass. des* 21 *déc.* 1844 *et* 2 *oct.* 1846.) Il est au surplus de principe qu'un arrêté municipal qui défend de construire des clôtures le long des chemins vicinaux, des rues, places et autres voies publiques, sans en avoir demandé et obtenu l'alignement, est parfaitement légal. (*Arr. de cass. du* 21 *déc.* 1844.) Seulement il ne peut y avoir condamnation à l'amende qu'autant qu'il existe un arrêté; à défaut, le contrevenant ne serait pas punissable.

15. Cinquième conséquence. — *Dégradation, usurpation, poursuites, compétence.* — Toute dégradation d'un chemin rural déclaré public, en quoi qu'elle consiste (*Voy. les div. faits mentionnés et notes de l'art.* 22), produit une contravention dont la répression se poursuit devant les tribunaux de simple police, aux termes des art. 471, 475 et 479 du Code pén. (*Arr. de cass. du* 18 *déc.* 1846.)

Remarquez même qu'ici l'usurpation n'est pas, comme pour les chemins vicinaux ordinaires, un fait appartenant à la juridiction des Conseils de préfecture. Dans l'espèce, l'usurpation se confond avec la dégradation, et le tout rentre dans les attributions des tribunaux de police.

16. *Questions préjudicielles.* — Dans tous les cas, contrairement à ce qui a lieu pour les contraventions en matière de chemins vicinaux, tout prévenu qui oppose la question de propriété a droit à un sursis, jusqu'à ce qu'il ait été statué sur cette question. (*Arr. de cass. du* 8 *mars* 1844.) Mais, la question de propriété une fois jugée en faveur de la commune, le contrevenant est punissable pour avoir anticipé sur un chemin rural déclaré public, ou pour l'avoir dégradé. (*Arr. de cass. du* 2 *avril* 1841.) Quant aux poursuites, voir le n° 10 ci-dessus.

Nous ferons ici une observation importante et qui s'applique à tous les cas où un prévenu, cité devant un tribunal de police, soulève une question préjudicielle ; c'est que tout jugement qui admet une exception préjudicielle ne doit pas se borner à surseoir et à renvoyer purement et simplement les parties devant les juges compétents ; il doit encore fixer à la partie qui a opposé cette exception un bref délai pour saisir les juges en question, et justifier de ses diligences afin d'en obtenir la décision. (*Arr. de cass. des* 8 *oct. et* 28 *déc.* 1846.)

Cette règle, qui d'abord ne se trouve écrite que dans l'art. 182 du Code forestier, a été généralisée par la jurisprudence à toutes les espèces identiques.

Certains tribunaux ont été beaucoup plus loin ; ils ont voulu que le demandeur sur la question préjudicielle fût obligé de rapporter, dans un délai déterminé, le jugement de cette question : c'était beaucoup trop rigoureux. Il y avait d'ailleurs injustice à leur demander un jugement qui ne dépendait pas uniquement d'eux. Les arrêts ci-dessus sont plus justes ; ils veulent que l'action soit intentée dans un délai fixé, et que la partie justifie, s'il y a lieu, de ses diligences ; c'est tout ce qu'on peut raisonnablement lui demander.

Mais au nom de qui s'exercent les poursuites, et par qui se font exécuter les jugements ? Il est certain que ce ne peut être qu'au nom du maire représentant légal de la commune.

17. SIXIÈME CONSEQUENCE. — *Contraventions.* — Les con-

traventions sont constatées par les fonctionnaires ou agents investis du pouvoir de constater les délits ruraux, c'est-à-dire les maires, les adjoints et gardes champêtres. Les agents voyers sont sans qualité. Leurs fonctions ne s'exercent que sur les chemins vicinaux.

18. *Etat des chemins, responsabilité envers les propriétaires.* — Les chemins ruraux doivent être tenus en bon état, et le propriétaire dont le champ a été déclos et endommagé, par suite du mauvais état des chemins, est en droit d'exercer son recours en dommage contre la commune. (*Art.* 41 *de la loi du* 28 *sept.* 1791 *et jurisprudence constante.*)

19. Cette responsabilité est dure pour la commune, et c'est une raison pour elle de ne pas laisser perdre ses chemins. Comme aussi, et par cela seul que cette responsabilité impose de lourdes charges aux communes, il ne faut pas étendre cette responsabilité outre mesure. Ainsi, il faut reconnaître que les communes ne sont responsables qu'à l'égard des chemins reconnus publics. (*Arr. de cass. du* 17 *févr.* 1841.) Tout autre chemin étant dans la classe des propriétés ordinaires de la commune et dépendant de son domaine privé, il n'y a pas lieu de forcer la commune à les entretenir. C'est aux particuliers qui ont besoin de s'en servir à les réparer de manière à pouvoir s'en servir, et après avoir pris l'autorisation préalable du maire.

20. C'est aux tribunaux de police devant lesquels sont traduits les passants qui ont déclos le champ riverain, à examiner ou faire examiner si ce chemin était impraticable. (*Arr. de cass. du* 6 *sept.* 1845.) C'est là une question préjudicielle qui doit avant tout être examinée.

FIN.

TABLE DES MATIÈRES.

D

E

M

O

P

R

FIN DE LA TABLE.

Imprimerie de HENNUYER et Cᵉ, rue Lemercier, 24. Batignolles.